Nota bene

50 ans de management des organisations

Luc BOYER

Nota bene

50 ans de management des organisations

Éditions
d'Organisation

Éditions d'Organisation
Eyrolles
1, rue Thénard
75240 Paris Cedex 05

DU MÊME AUTEUR OU CO-AUTEUR,

L'Exportation des Connaissances, Éditions d'Organisation, 1977.
Connaître l'Économie, Éditions Foucher, 1979.
Gestion et Organisation de la Production, Éditions d'Organisation, 1980.
Le Projet d'Entreprise, Éditions d'Organisation, 1988.
La Communication au cœur du management, Éditions d'Organisation,1989.
Histoire du Management, Éditions d'Organisation, 1990.
Sept ouvrages de citations pour le manager, Éditions d'Organisation, 1990 à 2003.
Encyclopédie du Management, Vuibert, 1992.
Encyclopédie de la Gestion, Économica, 1994.
Le Marché Demain, EMS, 1998.
Les Nouveaux Marchands, EMS,1999.
Vade-Mecum du DRH, EMS, 1999.
Organisation, Théories et Applications, Éditions d'Organisation, 1999.
Le Marketing Avancé, Éditions d'Organisation, 2000.
GRH, Les Nouvelles Pratiques, EMS, 2003.
Tous Responsables, Éditions d'Organisation, 2004.
Marketing, Quelle utilité pour le Consommateur ? EMS, 2004.

Sommaire

PARTIE II
La culture générale
avec les grands auteurs

PARTIE III
La pratique avec les méthodes et les outils

Introduction

Toutes les fois que les hommes – on pourrait dire d'une façon plus générale les êtres vivants – se trouvent réunis, ils commencent à « s'organiser », c'est-à-dire à mettre en place un certain ordre, une structure, des procédures, des règles de vie en commun. Chaque groupe d'hommes, et cela est plus particulièrement vrai dans le monde du travail, va ainsi caractériser de façon spécifique son fonctionnement social. L'histoire de l'Organisation se confond ainsi avec celle de l'homme.

Nous allons la parcourir ensemble en l'éclairant de diverses façons, au gré des inventions ou innovations, découvrant que nous avons agi plus par sédimentation, ajouts d'expérience que par véritables ruptures qui ont été rares. L'avenir s'est toujours construit à partir du passé avec son lot de hasard, de nécessité et de volonté.

Des hommes de tout profil et de toute origine ont façonné les grands courants de la pensée organisationnelle et les modèles qui se sont imposés dans la gestion des entreprises. Aux philosophes, militaires, religieux, scientifiques, se sont ajoutés les entrepreneurs ou managers, les ingénieurs ou consultants, les enseignants ou chercheurs, les politiques ou syndicalistes.

Tous ont, plus ou moins, été confrontés de façon caricaturale au dilemme classique :

- mettre en place une organisation pour atteindre les objectifs de l'entreprise ;
- définir une stratégie en fonction de ce que l'organisation peut réellement apporter.

Nous souhaitons que chacun d'entre vous, ami lecteur, trouve ou retrouve dans ce petit « Nota bene » les fondamentaux, les bases de ce qu'il faut aujourd'hui connaître de l'Organisation.

L'historique
avec les dates clés expliquées

Chapitre 1

Les leçons de l'Histoire

Pendant la longue période de l'Antiquité, l'agriculture resta prédominante. Si l'industrie existe, elle est limitée à trois produits principaux : les outils, les vêtements et la poterie. Il n'existe aucune force motrice hors celle de l'homme employée en abondance et à bas prix. Les mines et les grands chantiers relèvent d'entreprises d'État.

En Égypte, l'influence des crues du Nil a favorisé très tôt l'émergence d'une organisation et d'une réglementation pointilleuse permettant la gestion des terres cultivables et l'allocation de l'eau nécessaire. L'un des traits fondamentaux de cette civilisation était l'absolutisme étatique : le pharaon (et son administration) était le fondement du système, avec une légitimité à la fois religieuse, politique et économique. L'administration gérait le territoire et les gouverneurs des nomes (les districts), fonctionnaires à la fois judiciaires et administratifs, défendaient les intérêts du pouvoir central. Ainsi, depuis l'époque la plus ancienne, l'administration a toujours été fortement centralisée et hiérarchisée.

Ce schéma sera bouleversé pendant le Nouvel Empire qui remplacera les gouverneurs et la vieille noblesse par un corps de fonctionnaires royaux. Une importante armée royale sera mise sur pied et son développement sera à l'origine d'une ingérence de plus en plus vive dans les affaires de l'État. Le clergé suivra la même évolution. Une des toutes premières écoles d'administration pour les fonctionnaires sera créée avec, comme programme, l'apprentissage de l'écriture, des principes et des lois régissant la nation. Tout fonctionnaire devait avoir été élève de cette école dans laquelle il apprenait notamment, qu'en Égypte, tout devait être justifié par un écrit pour avoir une valeur légale ou officielle.

L'ensemble des moyens de production était la propriété de l'État. Si la propriété individuelle n'était pas inconnue, la terre était au pharaon. À certaines époques, le roi était, de plus, propriétaire de tous les métiers. Chacune des administrations possédait ses propres artisans et ses propres ouvriers, répartis en équipes à la tête desquelles se trouvait un chef. Ce principe de forte hiérarchisation se traduisait par la production périodique d'inventaires, de cadastres, de déclarations et de recensements mettant en évidence une gestion financière élaborée (comme on peut en juger en lisant les tablettes funéraires retrouvées). Il en allait de même de la gestion des terres du clergé.

L'Égypte antique a eu un rôle majeur dans l'élaboration de la pensée managériale dans la mesure où elle a illustré, pour la première fois (dès 3 000 ans avant J.-C.), la trilogie « planification/organisation/contrôle » dans une définition de fonction qui a fait la preuve de son efficacité dans les grands travaux. On a pu observer, par ailleurs, que 2 000 ans avant J.-C., le roi Hammourabi faisait mention de la notion de salaire minimum. Le concept de responsabilité/culpabilité était la règle – ainsi, par exemple, on coupait la main du chirurgien maladroit –. Sous le règne de Nabuchodonosor, on utilisait des techniques de contrôle de la production en échange de salaires variables et stimulants.

Les modèles romain et grec

La première royauté romaine fut construite sur les restes de l'Étrurie qui avait développé une économie pastorale où les entreprises domestiques regroupaient, autour du père de famille, sa femme, ses enfants et quelques esclaves.

L'expansion économique et militaire de Rome a totalement modifié le schéma ancien de répartition des terres. Au départ, les nouvelles terres conquises étaient distribuées aux vétérans, sous forme de colonies (du latin *colere*, cultiver), ce qui répondait à la fois à des objectifs stratégiques et à des intérêts alimentaires. Mais, rapidement, la concentration des propriétés (en raison d'une distribution non équitable), leur mode d'exploitation par une main-d'œuvre servile obtenue à bas prix et la ruine des petits propriétaires ont favorisé le développement de *latifundiae* (vastes propriétés) qui deviendront l'un des traits caractéristiques de la civilisation romaine.

Souvent, les Romains vainqueurs se livrèrent à une exploitation brutale des vaincus. L'immense patrimoine immobilier pris sur l'ennemi devenait *ager publicus*, propriété de l'État. Celui-ci conservait généralement les entreprises à valeur stratégique (les mines par

8

exemple) et les faisait exploiter en régie directe par des esclaves. Les terres de culture étaient divisées selon deux modes de production :

– les unes, les moins nombreuses, étaient données, en pleine propriété, à titre individuel ou à titre de colonie à des Romains ;
– les autres étaient données en bail (contre redevances) à ceux qui étaient, le plus souvent, les anciens propriétaires du sol.

La conquête militaire a ainsi totalement transformé leur condition juridique de liberté en dépendance. Bien plus, Rome imposait parfois aux pays conquis une réglementation économique à son profit exclusif. Par exemple, en Gaule narbonnaise, elle a longtemps interdit la culture de la vigne et de l'olivier pour protéger la production romaine.

Ces schémas furent rompus quand l'empereur concentra tous les pouvoirs entre ses mains, avec pour souci principal de trouver les moyens de gérer efficacement l'immense empire qu'il cherchait à constituer. Sa puissance militaire était renforcée par une puissante organisation administrative. En raison de l'importance des communications, des corps spéciaux tels que le service de la poste impériale furent créés. L'essor industriel reste le fait le moins remarquable de cette civilisation. Même s'ils furent réels, les progrès techniques restèrent faibles car on préférait employer des esclaves plutôt que d'avoir recours à des innovations. Quand une exploitation industrielle existe, elle est surtout de type artisanal et fabrique des produits de bas de gamme destinés à l'exportation.

Deux siècles de *pax romana* en Gaule n'eurent pas pour conséquence de créer la concentration agricole qu'on aurait pu imaginer. Le nombre des hameaux se développe plus que celui des villas-villages, un prolétariat intérieur se constitue avec les paysans à la campagne et les esclaves dans les villes. Un système de type féodal se met déjà en place, dissolvant politique pour certains, usurpation de pouvoir pour d'autres.

On dispose, pour suivre l'évolution de cette époque, de nombreux témoignages d'auteurs qui parfois entrent dans le détail de la gestion. Ainsi, Caton (200 ans avant J.-C.) décrit avec précision les fonctions d'agent de maîtrise. En Grèce, Xénophon, l'un des élèves préférés de Socrate, écrit *L'Anabase* qui, en racontant la campagne de Cyrus contre Artaxercès et la « retraite des Dix Mille » (400 ans avant J.-C.) donne de précieuses indications sur l'organisation d'une armée en campagne et sur les différents modes de commandement – parfois démocratiques – appliqués dans l'armée grecque. De même, dans les *Dits mémorables de Socrate*, il évoque le management dans un dialogue entre Socrate et Nicomarque pour y voir une démarche spécifique, irréductible à tout autre savoir. Dans sa *République*, Platon trace les premières esquisses d'une science économique et pose la spécialisation comme source du rendement.

L'organisation et le management au Moyen Âge

On peut considérer que la notion d'État est absente pendant la période allant du Ve au Xe siècle. L'ordre romain étant détruit, un nouvel ordre parvient à s'établir en cinq siècles : l'un spirituel, la foi chrétienne, l'autre temporel, la féodalité fondée sur la puissance de l'homme de guerre. Le système mis en place consacrait l'importance des relations humaines.

L'exploitation du sol – le modèle domanial – a marqué toute la première partie du Moyen Âge. Il semble être le résultat de problèmes d'exploitation posés au maître par un esclavage en déroute et des possessions dispersées. On observera plusieurs solutions, notamment en Gaule du Nord. Stabilisé, le système durera quatre siècles. L'idée, assez répandue, d'anarchie féodale est sans doute fort exagérée. L'autorité, dans ces espèces de principautés, était d'autant plus réelle et efficace qu'elle correspondait aux structures sociales, techniques et mentales de l'époque. Bien qu'on puisse se représenter cette période comme un ensemble d'entités socio-économiques produisant, avant tout, les denrées nécessaires à leurs propres besoins, le féoda-lisme n'a pas empêché les échanges commer-ciaux. L'époque en a connu de très importants.

Dès le XIIe siècle, l'Europe occidentale était parvenue au stade de la consommation indi-recte, et ce pour deux raisons :

- d'une part, grâce à l'amélioration des condi-tions de production agricole et à l'extension des zones cultivées qui créaient des surplus en nature qui, pour être rentables, devaient être vendus ;
- d'autre part, du fait du développement conco-mitant des villes qui abritaient les artisans prêts à acheter ces denrées.

Une nouvelle classe de marchands se formait ainsi, ayant principalement deux origines. Ce pouvait être des agents du seigneur (ou ses paysans) qui représentaient ses intérêts ou qui

12

s'installaient à leur propre compte et les agents des commerçants spécialisés. Au fur et à mesure que les villes grandissaient, elles offraient aux paysans une possibilité nouvelle d'emploi, même précaire, tout en contribuant à une modification importante des rapports au sein des domaines seigneuriaux. Les villes, fortes de leur importance et de leur nouveau rôle économique, eurent vite assez de puissance pour se doter d'une organisation particulière : les communes ou les franchises.

L'organisation, comme les rapports entre les différentes parties prenantes du régime féodal ont, paradoxalement, des résonances très modernes, à une époque où des formes très variées de maillage, d'artisanat plus ou moins intégré à l'entreprise se développent.

L'organisation et le management à la période moderne

Le XVe siècle est marqué par l'arrivée au pouvoir de Louis XI en France, d'Isabelle de Castille en Espagne et de Henri VII en Angleterre qui, tous, rétabliront l'ordre intérieur. Cette convergence de l'arrivée d'un pouvoir central fort n'est pas due au hasard. Des innovations de la plus haute importance modifient

13

profondément les rapports entre individus et pouvoir central, donnant à celui-ci la possibilité, la nécessité d'agir comme entrepreneur, régulateur, médiateur. Il en fut ainsi pour la généralisation de l'imprimerie (dont on ne dira jamais assez l'importance), les modifications de la forme des bateaux (les caravelles) et les instruments de navigation (astrolabe...), les armes à feu bien utiles pour favoriser le commerce... L'État, c'est désormais un roi dont la légitimité est de nouveau forte, une bureaucratie chargée de la gestion du royaume et, enfin, divers corps consultatifs que le pouvoir met en place pour être assisté dans l'établissement et l'application de la législation fiscale. Le nouveau système est fondé sur un mécanisme de marché international fonctionnant avec l'aide de l'État sans que ce dernier en ait véritablement le contrôle.

Trois conditions ont été nécessaires à cette évolution :

- un agrandissement du monde géographique concerné ;
- la mise au point de méthodes de travail et de contrôle de ce travail, différentes selon les types de production et les régions ;
- la mise en place d'appareils étatiques puissants.

Le Portugal a joué un rôle pionnier dans cette évolution… C'est le développement urbain qui permettra les premières manifestations du capitalisme, en premier lieu sous une forme commerciale. On les voit apparaître essentiellement dans deux régions économiquement favorisées : les Flandres et l'Italie du Nord. Le commerce maritime avec l'Orient a doté les républiques italiennes d'une grande masse de capitaux et les Pays-Bas ont été l'un des principaux entrepôts entre l'Orient et l'Europe du Nord.

L'organisation nouvelle, qui annoncera plus tard la grande industrie, est de type « industrie domestique », caractérisée par l'importance des corps de métiers et la parcellisation des unités de production. Les artisans, surtout dans les métiers de l'alimentation, du bâtiment et du vêtement, disposent eux-mêmes de leurs moyens de production ; ils travaillent seuls ou avec un ou deux compagnons et vendent directement. Le régime corporatif – l'organisation des communautés de métiers – tend à maintenir l'artisan dans une situation assez humble, en s'opposant à la concurrence, en limitant le nombre d'apprentis et en assurant à tous la main-d'œuvre mais en quantité limitée.

Dans l'immense majorité des villes, les corporations ont maintenu le régime de la petite industrie. C'est seulement dans les corporations marchandes qu'une différenciation s'est produite entre les maîtres et que l'investissement a pu croître. C'est en tout cas dans ce contexte de structuration des métiers que vont, petit à petit, se développer les premières industries. Pourtant, s'il existe quelques entreprises que l'on pourrait qualifier de privées, elles sont largement soumises au contrôle et à la réglementation étatique.

Le plus curieux est que, pendant cette période d'initialisation, l'idéologie dominante n'était pas celle de la libre entreprise ou de l'individualité mais celle de l'étatisme ou de la raison d'État. Excepté peut-être aux Pays-Bas (les Provinces unies), cette omniprésence de l'État intervient selon deux schémas tout à fait différents :

– soit il s'agit de protéger les commerçants et les producteurs et de créer des conditions favorables à leur développement ;
– soit il s'agit, de façon résolue et autoritaire, de créer une industrie.

Ces deux schémas simplifiés peuvent être ceux qu'ont connus respectivement les villes italiennes et la France de Colbert. Cependant, au-delà de ces différences, l'exigence d'une production de plus grande masse et le recours à un salariat important mais varié quant à son statut, nécessitent pour l'Italie comme pour la France la mise en place d'une organisation et d'une gestion des hommes complexes.

Le modèle vénitien

Venise avait bâti sa renommée sur son commerce avec l'Orient dont elle avait le quasi-monopole. Ce commerce s'effectuait par voie maritime. Très rapidement, les marchands décidèrent de construire leurs propres navires, en plus d'être armateurs. Pendant quelque cent cinquante ans, la construction navale fut l'apanage des maîtres artisans aidés de leurs compagnons. Mais cette forme plutôt inefficace (manque de capitaux, incapacité à suivre le rythme de la demande) n'a rapidement plus répondu aux exigences des marchands. Après être intervenu en donnant des aides aux constructeurs, l'État est devenu lui-même producteur en créant l'Arsenal qui compta rapidement 2 000 ouvriers.

L'organisation était assez souple mais semblait suffisante. Des agents de l'État avaient pour tâche de transmettre les ordres du Sénat à l'Arsenal. Le Sénat avait même créé des commissions consultatives pour résoudre

17

certains problèmes d'importance. Elles avaient une mission de type stratégique. La gestion était assurée par des conseillers politiques. Le processus de production était divisé en trois départements :

- le premier avait la charge de la construction de l'infrastructure du navire ;
- le second, la mise en place des planches sur cette infrastructure ;
- le troisième, la finition.

Dans les deux premiers travaillaient des maîtres artisans, encadrés dans une forte organisation corporative. La puissance de cette dernière faisait que, d'une part, le Sénat leur avait maintenu certains privilèges liés à leur métier (par exemple, le droit de garder les retailles de bois pour leur usage personnel), et, d'autre part, que ces artisans profitaient de leur corporation pour tenter de travailler moins durement. Il en résultait une discipline assez relâchée. Les contremaîtres et les superviseurs que le Sénat avait essayé de mettre en place étaient mal acceptés, les artisans ne reconnaissant que la compétence technique. Les essais de standardisation des tâches furent peu nombreux. Il est intéressant de constater que c'est dans le troisième département, celui où les artisans étaient les moins nombreux, que l'organisation était la plus structurée. Le problème de la gestion comptable s'est très vite posé. Curieusement, pour ce qui concerne les stocks de bois, essentiels pour une telle industrie, le laisser-aller était la règle. En revanche, le système comptable, au sens strict, était très développé : un Italien du nom de Pacioli en avait établi les grands principes.

Pendant la même période, dès le XVe siècle, en Italie du Nord les familles marchandes avaient recours à des manufactures disséminées dans les provinces (F. Braudel, 1984), tout comme Benetton cinq siècles plus tard. Au XVIe siècle, lorsque les coûts de la main-d'œuvre locale devinrent trop élevés, les familles firent appel à de la main-d'œuvre étrangère venant de Grèce, de Chypre et de Dalmatie, voire des Flandres et d'Angleterre où elle était meilleur marché et la réglementation plus souple.

Les chantiers navals de Venise représentaient le plus grand ensemble industriel du monde à cette époque. Ils savaient distinguer les coûts (fixes, variables, extraordinaires), tenir une comptabilité matières et financière et des inventaires. La productivité reposait sur la spécialisation. À peu près à la même époque, lors d'une guerre contre l'Angleterre, les chantiers navals hollandais pouvaient produire un vaisseau par jour, si on leur donnait trois mois pour s'organiser, ce qui n'est pas sans rappeler la performance des chantiers Kaiser qui lançaient un *liberty ship* en cinq jours pendant la Seconde Guerre mondiale.

Le modèle français

Sous Colbert (entre 1660 et 1690), l'intervention de l'État dans les affaires économiques était justifiée par la volonté de créer une industrie en France. Colbert était persuadé que seul l'État était capable de rétablir la grande industrie. Les particuliers n'étant pas en mesure d'avancer les capitaux nécessaires à la création des manufactures, l'État devait s'en charger. Par le jeu des concessions de monopoles de fabrication, il se donnait les raisons d'intervenir, en particulier par voie réglementaire, pour lever toute incertitude quant aux approvisionnements et aux débouchés. De leur côté, les ouvriers devaient se soumettre à des codes de conduite précis. Colbert avait mis au point un système de contrôle de leur application. Au sommet de la pyramide se trouvait le surintendant général, c'est-à-dire le ministre lui-même. Il nommait les inspecteurs qui avaient pour mission de veiller au travail dans les manufactures et de surveiller les gardes et jurés chargés de faire appliquer les règlements par les municipalités où étaient situées les fabriques. Les intendants devaient régler les conflits entre inspecteurs et gardes et renseigner le pouvoir sur l'état des manufactures. Tout était prévu et planifié par des règlements trop nombreux pour permettre une quelconque initiative personnelle en cas de problème. Il fallait, si un problème se posait, remonter au niveau le plus haut de la hiérarchie (celui de Colbert) qui récrivait le règlement pour tenir compte de la nouvelle situation. Ce système, très lourd, freinait toute évolution.

L'objectif du producteur n'était pas la production à faible coût mais celle de très haute qualité. Les ouvriers étaient surtout des artisans, payés cher et à qui l'emploi était presque garanti à vie. Ce nouveau mode de production, mal admis par les maîtres artisans travaillant en usine – lieu clos auquel ils n'étaient pas habitués et soumis à un contrôle strict – n'a pas facilité les relations sociales de sorte que de nombreuses grèves éclatèrent. Le système s'effondra assez rapidement sans que l'on sache trop si la cause de la chute était la surprotection de l'État, le manque de dynamisme des producteurs ou l'indiscipline des ouvriers. À la même époque, l'organisation de « la Ferme » générale par Sully et Colbert pour collecter les impôts avec efficacité peut être considérée comme un exemple dont on peut noter la modernité. Très centralisées, strictement stratifiées, les administrations des impôts indirects de l'Ancien Régime correspondent tout à fait à ce que M. Crozier appellera le modèle bureaucratique français. Elles ne sont pas pour autant exemptes de critiques. Elles souffraient de nombreux défauts du fait du manque de coordination et des cloisonnements qui existaient entre chaque département qui avait la charge d'un impôt particulier, et qui, par là même, pouvait devenir indépendant de la politique de la Ferme générale.

Dans un autre domaine, celui des fortifications et des grands travaux, il est intéressant de rappeler qu'au XVIIIe siècle, Vauban recommanda de clarifier la raison d'être d'un projet, de procéder à un diagnostic de la situation, d'élaborer des plans d'action, de budgéter à partir des crédits alloués, d'exécuter et de contrôler : du Fayol avant l'heure. Il conseille de « *rémunérer les ouvriers non au temps mais d'après le volume de terre enlevée et la nature du terrain* »[1]. En France toujours, Jacques Savary publie en 1675 *Le parfait négociant* qui indique à celui qui investit dans les usines de production trois stratégies possibles :

– soit se lancer dans une production courante ;

____

1. Colonel Rochas d'Aiglun, *Vauban, Ses oisivités…*, Berger-Levrault, 1910.

– soit inviter une fabrication étrangère ;

– soit créer un produit nouveau.

Il décrit les emplois et identifie les compétences associées en notant que l'évolution des mœurs crée beaucoup de soucis au manager : « *Les apprentis devraient aussi suivre la bonne et ancienne coutume d'aller les dimanches à la messe de paroisse avec leurs maîtres. Cela se pratiquait par tous les négociants il n'y a pas encore trente ans ; mais la plupart des maîtres d'aujourd'hui se sont relâchés, parce que la plupart sont aussi libertins que leurs apprentis, aussi ne faut-il pas s'étonner des désordres qui arrivent journellement dans le commerce.* »[1]

Colbert s'inspira de la visite d'Henri III aux arsenaux de Venise en 1574 pour monter une formidable opération de propagande. L'arsenal de Toulon devait construire un vaisseau en sept heures, d'où une très remarquable organisation avec des notes de management, une mesure des temps, des modes opératoires et des descriptions de postes.

---

1. J. Savary, *Le parfait négociant*, 1675.

Les leçons de l'histoire
en matière d'organisation

L'analyse historique des méthodes d'organisation et de management permet de prendre conscience du fait que les rapports d'autorité et la forme des structures mises en place diffèrent selon le contexte plus ou moins complexe dans lequel ils s'établissent. Toutes choses égales par ailleurs, ce contexte permet souvent d'expliquer pourquoi et comment les différents systèmes ont pu résister ou ont échoué. Une organisation se maintient quand un système de valeurs et d'identification des relations sociales est clairement identifié. Le chef se donne des titres et sa nomination, ou son investiture, sont entourées d'un cérémonial qui permet de l'identifier comme tel. Napoléon se fit nommer empereur en mémoire de César et de Charlemagne.

La période féodale a pris fin, en tant que principe social, quand les nécessités de la guerre ont imposé une réforme de la tactique et de l'armement. Les paysans furent regroupés en milices et encadrés par des généraux que le roi ou l'empereur nommait en personne. C'est cette centralisation de la force armée qui a permis l'affirmation de la notion d'État.

L'élément moteur du développement économique qu'a représenté la bourgeoisie en Occident était, en Chine, presque entièrement consacré à la défense et au maintien de traditions et de valeurs ancestrales.

L'évolution de la science de l'organisation et du management montre combien les méthodes de gestion, pour élaborées qu'elles soient, deviennent peu satisfaisantes lorsqu'elles n'intègrent pas le nouveau contexte. Déjà, Sun Tzu insistait sur la nécessité, pour le guerrier, de s'adapter aux facteurs déterminants de l'environnement.

À NOTRE AVIS

L'approche historique de l'organisation met en évidence quelques caractéristiques communes aux différentes époques et aux groupes évoqués, comme par exemple :

- la spécialisation qui procure l'efficacité ;
- l'existence d'un chef, d'un leader organisant le groupe ;
- la nécessité d'avoir une vision ou une mission pour sceller le groupe ;
- le rôle, ou la nécessité, d'un État pour engager de grands travaux, avec des modalités d'intervention fort différentes selon le contexte, et souvent des dérives bureaucratiques – l'État se prenant en quelque sorte au jeu, diminuant de ce fait l'initiative individuelle ;

- les changements organisationnels et politiques forts ont toujours été provoqués par des ruptures, entraînées par des innovations qui nécessitent généralement la mise en place et l'intervention d'un pouvoir fort. Ce pouvoir central a très vite pris deux formes différentes : soit l'État prenait directement en compte l'application des innovations (les grandes fabriques de Colbert), soit il considérait que son rôle devait se limiter à faciliter la dynamique des entrepreneurs privés (globalement, l'approche anglo-saxonne). Beaucoup ont vu derrière ces orientations fort différentes et qui allaient marquer pour longtemps les politiques économiques et sociales des États une différence d'origine religieuse (Max Weber) entre les catholiques et les tenants de la réforme.

De la Révolution industrielle à nos jours, il est d'un grand intérêt de constater combien ces caractéristiques conservent, au-delà des chocs technologiques, leur permanence.

Chapitre 2

La révolution industrielle : l'école classique

L'École dite classique[1] désigne l'ensemble des approches qui, à la suite des théories de Taylor ou Fayol, ont étudié l'organisation des entreprises en se référant à un certain nombre de principes.

Le *principe hiérarchique*, qui décrit l'entreprise comme une succession d'échelons, dont le niveau supérieur détient l'autorité qui se décline dans les échelons subordonnés par délégation : « *L'autorité descend par une ligne continue et nette, une échelle bien définie de postes.* »[2]

Le principe de l'unité de commandement, énoncé par Fayol, qui subordonne l'autorité fonctionnelle à

---

1. Ainsi nommée par de nombreux auteurs anglo-saxons.
2. B. Lussato, 1977.

l'autorité hiérarchique, contrairement à Taylor qui soutient la seule autorité de compétence.

Les équipes transverses (CFT) mises en place chez Nissan par Carlos Ghosn ont toujours deux leaders pour éviter que la CFT ait une vision trop limitée de son domaine. Ainsi, la CFT « Achats » a pour leaders le directeur général adjoint Achats et celui Recherche et Développement.

Le principe d'exception, très proche du principe de subsidiarité, selon lequel les tâches habituelles ou routinières (programmées) doivent être confiées au niveau le plus bas, seules remontant au supérieur hiérarchique les tâches exceptionnelles. *L'optimisation de l'éventail de subordination*, c'est-à-dire la recherche du nombre optimum de subordonnés qui délimite le pouvoir hiérarchique et l'importance de la délégation. Un éventail étroit conduit à des structures bien coordonnées et rigoureusement contrôlées, réputées efficaces mais peu propices à l'initiative, alors que des structures dites plates demandent des hiérarchiques de qualité et stimulent la créativité.

Le principe de la spécialisation organisationnelle appliqué par Taylor à l'organisation des postes de travail et sujet de nombreuses discussions par la suite.

L'application d'une méthode scientifique inspirée de la *méthode expérimentale de Claude Bernard*.

Comme on le voit, il ne s'agit pas simplement d'une théorie sur l'organisation du travail – vision réductrice fréquente du taylorisme – mais d'une approche globale de l'organisation de la firme. Certes, il y a eu de nombreux précurseurs qui ont constaté l'efficacité d'une *organisation scientifique du travail*. Sans aller chercher des exemples dans l'Antiquité ou les manufactures du XVIIe ou XVIIIe siècle, nous mentionnerons les travaux de Ricardo et surtout ceux d'Adam Smith[1]. Ce dernier, dès 1776, décrit l'exemple devenu célèbre de la manufacture d'épingles où des ouvrières, par une spécialisation des tâches (concept de postes successifs le long du processus de production) produisent relativement beaucoup plus qu'avec une production effectuée par des individus travaillant de façon autonome. La Révolution industrielle, en un siècle environ – XIXe et début du XXe – a intégré deux grandes innovations majeures que furent la machine à vapeur et l'électricité (ainsi que les télécommunications). Ces innovations allaient permettre la création et le développement des grandes entreprises fondées d'une part sur une

---

1. Voir plus loin la biographie d'Adam Smith.

forte concentration de capital fixe entraînant une intégration sociale poussée, et d'autre part sur l'écoulement de produits sur des marchés importants et souvent lointains, permettant ainsi la naissance de la grande entreprise. La rentabilité du capital investi, tributaire du profit d'exploitation, exigeait une organisation efficace dont l'une des caractéristiques devait être l'accroissement de la productivité – et pas seulement de la production. La rentabilité supplémentaire devait servir non seulement à rémunérer le capital mais aussi à accroître les rémunérations, donc le pouvoir d'achat du personnel, déclenchant ainsi le cercle vertueux du développement. Observant et étudiant le travail et l'organisation, les chercheurs, consultants, entrepreneurs qui ont mis en œuvre cette Révolution industrielle avaient une démarche « scientifique », assimilant le management à une science comparable à celle de l'ingénieur. La dimension privilégiée pour l'étude du travail était le temps, la réduction du temps passé à une fabrication étant créatrice de productivité.

Par l'étude et le chronométrage des gestes (l'œuvre des techniciens), on doit arriver à mettre en évidence la meilleure façon d'agir – *the one best way.* Celle-ci consiste à simplifier, spécialiser le plus possible le travail des opérateurs (l'origine des OS), créant pour chaque mini-transformation un « poste », unité élémentaire organisationnelle, dont la description permettra d'exprimer les compétences nécessaires à sa maîtrise. Il suffira alors de faire coïncider les caractéristiques du poste avec celles des hommes pour obtenir, avec un minimum de formation, l'efficacité souhaitée. Tout homme peut ainsi trouver une place, sa place dans l'entreprise, quel que soit éventuellement son handicap. La socialisation de la Société est lancée. Certes, « *la tendance de tous les hommes à la paresse et à une flânerie systématique due au non-intérêt des ouvriers à produire* »[1] va nécessiter la mise en place de systèmes de motivation, essentiellement des primes ou des salaires élevés, alors même que les employeurs ne cherchent que les bas coûts de production.

En France, Henri Fayol, ingénieur, directeur général de la grande entreprise Commentry-Fourchambault-Decazeville, fort d'une vie d'expérience, écrivait à soixante-quinze ans sans doute un des plus importants ouvrages de la littérature du management jamais produit : *Administration industrielle et générale*[2]. Si à première vue, l'approche globale est fondée sur les mêmes constatations que l'École américaine, la réflexion organisationnelle, managériale va

---

1. F. W. Taylor, *Principles of Scientific Management*, 1911.
2. H. Fayol, *Administration industrielle et générale*, 1916.

31

beaucoup plus loin. Au-delà de la dimension technique, il s'efforce de démontrer que l'administration des entreprises, le management, passe par la maîtrise de quelques activités clés :

— commerciales (achat, vente, échange) ;
— financières (recherche et gestion des capitaux) ;
— sécurité (protection des biens et des personnes) ;
— comptables (inventaire, bilan, prix de revient) ;
— administratives ou de direction (prévoyance, organisation, commandement, coordination, contrôle) ;
— et bien sûr, techniques.

La structure fonctionnelle

Direction générale			
Fonction commerciale	Fonction production	Fonction financière	...

Les opérations constituant une activité administrative sont :

La prévoyance, c'est-à-dire la préparation de programmes d'action qui doivent respecter l'unité (des objectifs compatibles et convergents), la continuité (cohérence des prévisions à long et court terme), la flexibilité (capacité d'adaptation) et la précision.

L'organisation qui implique une structure pour le corps social, une unité de commandement, une claire définition des responsabilités et des procédures bien établies.

Le commandement qui est un art reposant sur les qualités personnelles du chef et le respect des principes généraux d'administration.

La coordination qui vise à « mettre l'harmonie entre tous les actes de l'entreprise » et repose sur la conférence hebdomadaire des chefs de services et l'action d'agents de liaison de l'état-major de l'entreprise (lorsque cette conférence ne peut pas avoir lieu).

Le contrôle qui vérifie que tout est conforme au programme et doit être défini à l'avance, rapide et suivi de sanctions.

Chaque poste est appelé à mettre en œuvre une combinaison de plusieurs fonctions, les postes étant très chargés en fonctions administratives (le management d'aujourd'hui). On imagine facilement le succès qu'a pu connaître ce type d'apport, en particulier aux États-Unis où l'enseignement de la gestion s'est inspiré plus ou moins totalement des concepts développés par Fayol (en France, les IAE – instituts d'administration des entreprises – ont repris presque littéralement dans leur intitulé le titre de l'ouvrage de Fayol). Ces concepteurs de l'organisation industrielle ont eu de très nombreux disciples. Quelques-uns ont surtout retenu ou développé l'aspect productiviste allant jusqu'à négliger la dimension morale des fondateurs. Certains nous accompagnent encore tous les jours comme Gantt qu'aucun logiciel de gestion de projet ne peut ignorer. Parmi les nombreux développeurs ou disciples, on peut retenir Gilbreth, Bedeaux, Koonts, O'Donnel, Rimailho, Gulick, Urwick, Mooney, Brech…

L'organisation bureaucratique décrite par Max Weber sans aucune connotation péjorative, est un des développements intéressants de cette époque. La dimension rationnelle, fondée sur des normes, des procédures, des compétences, sans préférence personnelle apporte à chacun efficacité et liberté – en dehors du travail. Remarquons que dans ce type d'organisation, défend Weber, il est utile que se développe une attitude morale particulière, comme celle apportée par la religion protestante, avec sa croyance en une rédemption fondée sur une activité créatrice sur terre.

On connaît les très vives critiques que les sociologues, psychologues, chercheurs – en particulier l'École des relations humaines – feront à cette école classique. Notamment l'approche toujours sommaire de la physiologie du travail (on ne s'intéresse qu'à la fatigue), l'absence des composantes psychologiques et sociologiques du travail. En résumé, le peu de cas attaché à la dimension humaine de l'entreprise et à l'épanouissement des individus.

La réaction des syndicats, un peu curieusement, fut contrastée entre les syndicats américains fortement opposés – crainte du chômage due à l'amélioration de la productivité, détournement du profit au seul bénéfice des patrons – et les syndicalistes européens beaucoup plus nuancés, du moins pendant la première moitié du XXe siècle.

L'adoption par Alexei Stakhanov, en Union Soviétique, d'une méthode hautement productiviste (au grand mécontentement des syndicalistes soviétiques férocement réprimés), apporta, en partie, un prolongement. Les points de vue de Léon Jouhaux (dirigeant CGT), de Jaurès ou Clemenceau voyaient dans le principe de productivité mesurée rationnellement – pour peu qu'on contrôle l'application – un moyen d'obtenir une diminution du temps de travail et/ou un salaire accru.

Toutes les fois que le travail ou la « production » sont directement liés au temps passé sur un poste et à l'organisation de celui-ci (importance des gestes), l'organisation scientifique du travail a tendance à subsister sous une forme ou sous une autre. Mais avec le développement du savoir, de l'innovation, du travail en équipe (groupe projet), l'École classique perd beaucoup, voire totalement, de sa pertinence. De nouveaux modèles d'organisation sont nécessaires pour venir, en complément ou en substitution, assurer la performance de l'entreprise.

À NOTRE AVIS

Les théories et pratiques de l'offre classique sont liées au développement de l'ère industrielle qu'elles ont largement favorisée. Elles ont longtemps rencontré l'adhésion des entrepreneurs et, paradoxalement, du moins en France, celle des syndicalistes.

L'efficacité de ces méthodes pour la maîtrise et l'amélioration de la productivité a été telle qu'elles ont été adoptées dans pratiquement tous les pays du monde, lors de la mise en place de l'industrie moderne. Plus, lorsque, sensibles aux critiques, les entreprises ont partiellement abandonné ces approches, elles se sont empressées – souvent sous la pression des États – de les reprendre lors des conflits du XXe siècle. Enfin, dans les pays émergents, rares sont ceux qui ont pu court-circuiter cette phase taylorienne, comme s'il s'agissait d'une espèce d'apprentissage, de période transition dont on ne savait faire l'économie.

Elles expliquent aussi pour beaucoup la naissance et le succès du concept de classes sociales à la même époque.

Encore en vigueur dans divers pays en plein développement économique, ou coexistant avec d'autres approches, elles sont, malheureusement, à l'origine de nombreuses dérives désastreuses sur le plan social qui ont amené, par contrecoup, l'apparition des courants de pensée tenant davantage compte des individus au travail.

Tableau de synthèse

Les courants	Auteurs	Apports	Contenu	Image
Les principes classiques de l'organisation.	Taylor, Fayol, Rimailho, Gantt, Gilbreth, Bedeaux, Koontz, O'Donnel, Urwick, Gulick	Étude des aspects formels de l'organisation. Affirmation de principes universels de management. *The one best way.*	Analyse des fonctions de management : planifier, organiser, commander, coordonner, contrôler. La bonne organisation repose sur la division du travail et une hiérarchie de coordination.	L'entreprise est une mécanique précise dans laquelle chaque rouage doit être à sa place pour que l'ensemble soit efficace.
La bureaucratie	Weber	Type idéal d'organisation qui garantit l'efficience de l'activité et l'équité pour les acteurs et les usagers.	- Une hiérarchie claire. - La spécialisation des tâches. - La formalisation des règles et des procédures.	
Impact		*Positif* : la préoccupation principale est le problème technique de la tâche à accomplir. Il sera traité par le *job design* néoclassique et par les théoriciens de la contingence. L'École classique a influencé également la recherche opérationnelle et les systèmes de contrôle de gestion.		
		Négatif : l'École des relations humaines s'est constituée pour réagir contre les principes classiques et bureaucratiques qui, à ses yeux, sont à l'origine de frustrations chez les individus, de gaspillage de talents et de perte d'efficacité.		
Outils privilégiés		- Les descriptions de postes et de fonctions. - Les organigrammes (organisation fonctionnelle ou divisionnaire). - La mesure des temps. - Le diagramme des tâches. - L'étude scientifique et l'analyse du travail. - La spécialisation des tâches. - Les fonctions de la direction de l'entreprise. - Les principes de management.		

Chapitre 3

L'école des relations humaines

Le problème de la *motivation de l'homme au travail* n'a été posé qu'assez tardivement. Jusqu'aux années 1920, les études sur le travail étaient surtout d'ordre physiologique et portaient, au mieux, sur les conditions matérielles du travail et leur influence sur le rendement et la productivité. L'analyse des raisons pour lesquelles un salarié pouvait être motivé autrement que par son salaire, dut attendre les expériences menées par Elton Mayo. Les travaux de ce dernier allaient bouleverser pour longtemps la manière d'envisager l'organisation et le management de l'entreprise. Sa conception : le salarié est un être social qui attache au moins autant d'importance à son *appartenance à un groupe* qu'au fait d'effectuer telle ou telle tâche en échange d'un salaire. Ses thèses incitèrent à étudier de plus près les besoins de l'homme au travail au motif que c'est leur satisfaction qui est le fondement de sa motivation. Il a fallu attendre les années 1950 pour voir Abraham Maslow, fortement influencé par les travaux de Douglas Mac Gregor, et Frederick Herzberg proposer des méthodes susceptibles d'améliorer l'efficacité des organisations grâce à l'action sur les facteurs de motivation.

En Europe, des recherches sur la motivation furent élaborées par le Tavistock Institute for Human Relations de Londres qui développa le *concept de démocratie industrielle* déjà pressenti par K. Lewin et R. Likert, et qui sera repris et transformé par certains néoclassiques comme Tom Peters et Robert Waterman avec leur *empowerment*[1]. Le succès de ces thèses est illustré par la constatation fréquente que, plus les entreprises cherchent à reconfigurer leurs organigrammes et leurs processus de travail pour mettre en place des structures légères et efficaces, plus elles recherchent pour les animer des salariés motivés que, précisément, ces structures doivent motiver.

Un des problèmes rencontrés par les approches de l'École des relations humaines est qu'elles

------

1. Il s'agit de la diffusion des responsabilités dans tous les postes de l'entreprise.

prennent souvent à contre-pied certains managers qui se sentent dénoncés par la terminologie utilisée – management autoritaire, exploiteur. Par ailleurs, le succès de leur application est difficile à mesurer en raison de l'instabilité de l'environnement qui ne permet pas d'établir des comparaisons dans la durée, alors que justement elles ont besoin d'un certain temps pour être mises en place. Il arrive en outre que si ce succès est avéré, il peut être caché pour des raisons qui n'ont rien à voir avec la pertinence des idées développées. Ces dernières peuvent être résumées de la manière suivante :

– l'organisation doit tenir compte non seulement de l'enchaînement logique des opérations mais aussi du désir des travailleurs de vivre comme des êtres humains dans l'entreprise ;
– il existe toujours une organisation informelle à côté de l'organisation formelle. Ce thème sera largement développé dans les approches sociologiques ;
– l'organisation n'est pas seulement un outil de réalisation de projets communs. c'est aussi une forme de société qui a une identité propre, distincte du projet pour laquelle elle a été identifiée ;

Il résulte de ces observations que :

- l'organisation humaine ne se confond pas avec l'organisation technique ;
- l'organisation du travail doit cesser d'être un strict travail d'ingénieur ; la plupart des problèmes entre ouvriers et maîtres dépendent d'attitudes émotionnelles ;
- une des tâches essentielles du management est de créer une coopération entre les travailleurs et d'intégrer chaque travailleur dans son groupe ;
- la priorité donnée aux biens matériels détruit une partie de la signification de l'existence et fait disparaître beaucoup de normes sociales.

Bruno Lusato a mis en évidence les principes qui sous-tendent ces affirmations et caractérisent l'École :

- la décision doit être décentralisée ;
- les études d'organisation doivent porter sur les groupes et non sur les individus ;
- la force de l'intégration repose sur la confiance plutôt que sur l'autorité ;
- le cadre est un agent de communication inter ou intra-groupe plutôt qu'un représentant de l'autorité ;

– le management doit davantage mettre l'accent sur la responsabilité que sur le contrôle.

L'École des relations humaines traite essentiellement des *rapports de l'individu à l'organisation*. Elle a donné lieu à de nombreux développements.

1. *Les approches psychosociologiques*

– la théorie des besoins et de la motivation avec D. Mc Gregor, A. Maslow, F. Herzberg ;
– la dynamique des groupes et le leadership avec K. Lewin et R ; Likert.

2. *Les approches psychanalytiques*

– Eliott Jaques ;
– l'analyse institutionnelle des organisations ;
– la psycho dynamique du travail qui analyse les processus psychiques mobilisés par les salariés.

3. *Les approches cognitives* qui considèrent l'entreprise comme un lieu d'apprentissage et un système de compétences

– H. Simon et la théorie de la rationalité limitée ;

43

– R. Cyert et J. March, l'organisation comme une coalition d'individus aux objectifs différents ;

– C. Argyris et l'apprentissage organisationnel.

4. *L'ethnographie des organisations*, plus récente, qui met l'accent sur les phénomènes symboliques (pouvoir, territoire, culture), les rituels et les interactions.

5. *Les approches sociologiques* (voir ci-après).

À NOTRE AVIS

L'école dite des relations humaines, dans laquelle l'université de Harvard a joué un rôle déterminant, a été très féconde. Elle a donné naissance à de nombreux outils de management dont l'emploi est toujours préconisé aujourd'hui.

Elle a surtout créé un état d'esprit nouveau en plaçant l'humain au centre du management de l'entreprise.

Plus aucune école de management, entreprise, syndicat – voire État – ne peut faire l'économie d'enseigner ou d'intégrer tout ou partie de cette École RH dans une approche globale du Management et de l'Organisation.

Malheureusement, comme l'École classique, elle a connu quelques dérives, notamment en considérant que la psychologie sociale était le fondement même du management et pouvait être utilisée en tous temps et en tous lieux.

Elle est ainsi à l'origine d'une sorte de « managérialement correct » qui veut que les performances de l'entreprise proviennent avant tout de l'épanouissement et des motivations individuels.

Tableau de synthèse

Les courants	Auteurs	Apports	Contenu	Image
Le mouvement des relations humaines	Mayo, Blake et Mouton.	Importance du facteur humain et nécessité de prendre en compte les besoins sociaux et d'estime pour accroître la productivité.	- Fonctionnement des groupes de travail. - Styles de management. - Intérêt du management participatif.	L'entreprise est constituée d'hommes dont la motivation est la source de l'effica-cité. Cette dernière dépend du « climat organisationnel ».
Les ressources humaines	Argyris, Maslow, Mac Gregor, Lewin, Likert, Herzberg, Friemann, Dubreuil.	Les besoins majeurs des indi-vidus sont liés à la réalisation de soi et à l'accomplissement de son potentiel.	L'organisation permet à l'homme d'exprimer son potentiel qui doit être mobi-lisé par la participation. Les réseaux de communication et les procé-dures opératoires encadrent le comporte-ment et favorisent le processus hiérarchique de prise de décision.	
l'École « Carnegie »	Leavitt.	Les individus ont une rationalité limitée par leur capacité à traiter les informations.		
Impact		*Positif* : la préoccupation principale est d'ordre culturel : les valeurs de l'entreprise et des individus. Elle sera intégrée par l'École néoclassique. Cette école a également ouvert la voie à l'École socio-technique (avec les groupes semi-autonomes).		
		Négatif : la psychologie sociale permet d'effectuer des diagnostics mais ne prouve pas que les performances de l'entreprise ont pour origine la motivation des individus.		
Outils privilégiés		Les groupes de travail et de résolution de problèmes. Dynamique de groupe. La gestion des compétences. La direction par objectifs. L'entreprise apprenante. L'identification et l'adaptation des styles de management. Les techniques de mobilisation du personnel. Les groupes semi-autonomes.		

Chapitre 4

L'école empirique ou néoclassique

Au moment où les grands fondateurs-propriétaires des empires industriels du XIXe siècle cédaient progressivement la place aux dirigeants salariés, ceux-ci, de façon pragmatique plus qu'idéologique créaient l'École néoclassique, dite aussi empirique, en s'efforçant de réaliser une synthèse des écoles précédentes, à savoir l'École classique, dont ils retiennent la valeur d'une approche scientifique, et l'École des relations humaines, où place est donnée à l'homme et l'intérêt de sa motivation.

Le management est la fonction sociale la plus importante de l'entreprise (P. Drucker). Beaucoup de fondateurs de la grande industrie moderne peuvent être considérés comme exemplaires au regard de l'histoire des organisations. Il en est ainsi, parmi bien d'autres, de Cordivier

(General Electric), de Watson (IBM) et de Sloan (General Motors).

L'École néoclassique recouvre deux grandes périodes :

– celle des théories managériales visant à la coordination des activités dans une démarche essentiellement pratique, derrière A. Sloan ;
– l'École néoclassique proprement dite dont les propositions les plus connues sont la direction par objectifs (P. Drucker et O. Gélinier) et l'excellence (T. Peters et R. Waterman).

À bien des points de vue, H. Mintzgerg relève de ce courant. Il est cependant présenté au sein des approches systémiques en raison de ses conceptions sur la structure de la firme. Intégrant également l'impact des recherches en matière de comportement des salariés et même parfois des consommateurs, et celui de l'approche socio-technique, ces managers, consultants, universitaires se livrent à une forte critique des thèses strictement microéconomiques.

La base de cette École empirique est le concept de « *décentralisation coordonnée* ». D'une part, on ne saurait rejeter le concept de postes (unité élémentaire de transformation), base de toute

48

organisation, définissant pour chacun ce que la structure attend de lui en termes d'activités et de résultats. Mais d'autre part, pour obtenir une motivation et une implication fructueuses, il est vite apparu nécessaire de donner du pouvoir, des degrés de liberté aux travailleurs et à l'encadrement. D'où l'apparition des centres de profit, de décentralisation d'activités, de divisions (produits, marchés, géographie…), le tout étroitement coordonné, contrôlé par le contrôle de gestion mais aussi par un corps externe d'auditeurs rendant compte directement à la direction générale. Ce qui donne l'unité à cet ensemble, c'est d'abord le budget, somme de toutes les prévisions de chacun des sous-ensembles ; ce sont ensuite les objectifs individuels et collectifs, source du système de récompense mais également garant du respect du budget. La direction générale mettra progressivement en place une animation matricielle (par exemple, fonctions/produits ou produits/marchés) animant directement les fonctions qu'elle considère comme stratégiques comme les achats, la finance, la recherche. Le fameux *« think globally, act locally »* reste encore aujourd'hui un des piliers de cette animation de la firme.

À NOTRE AVIS

Les tenants des courants néoclassiques se signalent par l'empirisme de leur démarche qui leur a permis de s'approprier les éléments méthodologiques et les outils à la base des « *success stories* » de leurs devanciers et d'obtenir ainsi des résultats remarquables.

Le profit, dans une telle firme, devient à la fois l'objectif principal et la conséquence d'une structure, sorte de compromis entre une décentralisation et une forte coordination.

Ce modèle empirique va progressivement devenir la règle de fonctionnement des firmes internationales et celui qui est enseigné dans les *business schools* du monde entier ; ces écoles qui continuent à former les étudiants et cadres à la maîtrise des « fonctions-Fayol-tout » en utilisant des techniques « décloisonnantes », comme l'étude des cas, le travail en groupe.

Toutefois, sous la pression de l'internationalisation non seulement des marchés mais des capitaux, la cohésion sociale, voire la socialisation chère à Taylor, a tendance à s'effacer pour privilégier une gouvernance fondée sur une norme de profit qui conduit les dirigeants à un management de court terme ou tout au moins à privilégier le maximum de flexibilité, pas toujours compatible avec le respect de la dimension humaine et plus généralement avec un discours fondé sur la responsabilité sociale et environnementale.

Tableau de synthèse

Les courants	Auteurs	Apports	Contenu	Image
La démocratie industrielle L'influence de la technologie La socio-analyse	Emery, Tavistock Institute Woodward Jaques	L'organisation est un système ouvert composé d'un système techno-économique et d'un système social qu'il faut optimiser conjointement car toutes les forces internes sont interdépendantes.	Pour être efficace, l'organisation du travail doit reposer sur la capacité autonome des travailleurs à s'organiser en groupes auto-régulés.	L'entreprise est constituée d'un ensemble d'équipes soudées et mobilisées pour atteindre des objectifs partagés.
Impact	*Positif* : l'approche socio-économique a repris, en partie, les thèses socio-techniques qui, elles-mêmes, connaissent un regain d'intérêt avec le développement des « modèles japonais » (recherche d'un meilleur fonctionnement du système de production dans un contexte de flexibilité et d'adaptation au marché).			
	Négatif : les thèses socio-techniques ont montré leur pertinence mais seulement pour des productions à forte valeur ajoutée, dans un marché de demande. Elles présentent un caractère normatif fort et reposent sur un certain type de culture d'entreprise, pas nécessairement partagé par tous.			
Outils privilégiés	Les groupes de travail autonomes ou semi-autonomes. La « recherche-action » associant le personnel à la solution des problèmes causés par les dysfonctionnements de l'organisation. L'enrichissement des tâches. L'autonomie des acteurs, la polyvalence des emplois. La recherche de l'implication des salariés.			

Chapitre 5

L'école socio-technique

Les chercheurs britanniques du Tavistock Institute[1] (Londres 1950) montrèrent que toute organisation peut être analysée sous la double perspective sociale et technique et que c'est l'ajustement entre les systèmes obéissant à cette double logique qui détermine l'efficacité d'ensemble de l'organisation.

L'évolution des recherches du Tavistock Institute l'a rapproché du mouvement traditionnel favorisant la remise en cause des structures de pouvoir dans l'organisation, par la substitution de structures démocratiques aux structures

---

1. Notamment E.L. Trist et, en Norvège, E. Thorsund. Le Tavistock Institute fut fondé en 1946 par une équipe de chercheurs en sciences sociales britanniques réunis dans un groupe de travail militaire pendant la Seconde Guerre mondiale.

autoritaires traditionnelles. Il existe deux grands types de systèmes de production :

- le système « technique » qui privilégie les concepts de temps et le coût afin d'optimiser la gestion, et une certaine conception de la rentabilité ; l'homme est alors le rouage d'un ensemble, les tâches sont fractionnées et le contrôle efficient.
- le système « social » qui considère que l'entreprise n'atteindra ses objectifs que si les conditions de motivation des salariés sont réunies.

Il s'agit de transformer l'organisation bien plus profondément que ne le permet le management participatif qui ne touche pas aux structures hiérarchiques mais ajoute d'autres structures comme les cercles de qualité, les délégations d'autorité, etc. Il est plus efficace de développer des petits groupes de travail disposant d'un haut degré d'autonomie (groupes de travail autonomes ou semi-autonomes) ; les salariés sont capables de s'organiser en groupes auto régulés qui tiennent compte à la fois des besoins des individus et de ceux de la production. Cette théorie est étroitement liée à une méthode, celle de la recherche-action ou recherche-intervention, selon laquelle on n'analyse pas une organisation de l'extérieur :

on associe toutes les catégories de personnels aux chercheurs afin d'avancer par apprentissage mutuel. Les contraintes sociales et techniques interagissent. On ne peut optimiser l'un des domaines ou l'autre séparément. C'est un système ouvert qui doit aussi prendre en compte l'influence de l'environnement.[1]

La théorie du Tavistock Institute est fondée sur une étude importante conduite dans une mine de charbon britannique. L'organisation y était variable d'un puits à l'autre, alors que la technique de production était la même et que toute tentative d'intensification de la codification et de la division du travail se traduisait par une baisse de la productivité, une augmentation de l'absentéisme et de la tension sociale. L'étude a montré que plus de souplesse, plus d'autonomie, une meilleure adaptation à l'environnement, dans un contexte de démocratie industrielle, se traduit par une amélioration des facteurs. Il est facile d'en déduire l'intérêt d'un prolongement de la démarche avec des groupes semi-autonomes, l'enrichissement des tâches et l'amélioration des conditions de travail. Ce modèle est bien adapté aux marchés à forte concurrence où les innovations sont fréquentes et la demande variable et aléatoire.

---

1. À ce titre, Georges Friedmann peut être considéré comme un précurseur.

L'École socio-technique a eu un grand retentissement international et donné lieu à de nombreuses applications parmi lesquelles on peut citer :

- les démarches de « démocratie industrielle » dans diverses usines et dans la marine marchande en Norvège en 1963-1966, qui développaient les groupes semi-autonomes se répartissant le travail et effectuant le contrôle qualité ;
- les expériences australiennes de 1971 de F. et M. Emery ;
- les expériences suédoises de 1975 touchant près d'un millier d'entreprises. Volvo alla jusqu'à construire son usine de Kalmar en adaptant les espaces, le degré et la nature de l'automatisation et les technologies aux personnels appelés à les mettre en œuvre.

Notons les six principes d'action d'Emery :

1. Le regroupement des différents postes de travail afin de constituer des groupes de production dotés d'une certaine responsabilité quant aux produits.

2. La modification des différentes fonctions du personnel dans un but de polyvalence et d'enrichissement des tâches.

3. L'allongement volontaire des cycles de travail.

4. L'incorporation d'un ensemble de tâches complémentaires (entretien, maintenance).

5. Le développement de l'autonomie des groupes de production en matière d'organisation des postes, d'organisation interne, etc.

6. La nouvelle politique salariale fondée sur un salaire fixe (80 % du total) fonction de la qualification et une prime variable répartie égalitairement au sein du groupe.

Il est à remarquer que la sociologue Joan Woodward prolongera cette réflexion avec comme entrées la technologie, la rentabilité et le fonctionnement des groupes de travail. Il y a une relation entre l'organisation et la technique de production. Mais, dans un cadre donné, la rentabilité augmente avec un idéal type de gestion des ressources humaines. On retrouve ici une idée chère à l'École des relations humaines : ce n'est pas tant l'amélioration des conditions de travail que l'attention accordée aux relations humaines qui provoque l'accroissement de la productivité.[1]

---

1. C'est le fameux « effet Hawthorne », du nom de l'usine où E. Mayo a mis en évidence cette observation.

À NOTRE AVIS

Fondées sur des études approfondies en entreprise, les thèses socio-techniques ont montré leur efficacité dans de nombreuses occasions. Elles ont permis de clarifier le rôle des divers facteurs à prendre en compte pour adapter et développer les différents modes d'organisation.

Il est facile de constater que les démarches « japonaises » de qualité totale reprennent certaines de leurs préconisations avec, toute fois, d'autres finalités.

Elles reposent cependant sur un certain modèle de culture d'entreprise illustré par des exemples célèbres de firmes scandinaves et semblent assez mal adaptées à la production de masse.

Les structures très actuelles en réseau participent de la même approche.

Tableau de synthèse

Les courants	Auteurs	Apports	Contenu	Image
La démocratie industrielle L'influence de la technologie La socio-analyse	Emery, Tavistock Insti-tute Woodward Jaques	L'organisation est un système ouvert composé d'un système techno-économique et d'un système social qu'il faut opti-miser conjointement car toutes les forces internes sont inter-dépendantes.	Pour être efficace, l'organisa-tion du travail doit reposer sur la capacité autonome des travailleurs à s'organiser en groupes auto régulés.	L'entreprise est constituée d'un ensemble d'équipes soudées et mobilisées pour atteindre des objectifs partagés.
Impact	*Positif* : l'approche socio-économique a repris, en partie, les thèses socio-techniques qui, elles-mêmes, connais-sent un regain d'intérêt avec le développement des « modèles japonais » (recherche d'un meilleur fonctionne-ment du système de production dans un contexte de flexibilité et d'adaptation au marché).			
	Négatif : les thèses socio-techniques ont montré leur pertinence mais seulement pour des productions à forte valeur ajoutée, dans un marché de demande. Elles présentent un caractère normatif fort et reposent sur un certain type de culture d'entreprise, pas nécessairement partagé par tous.			
Outils privilégiés	- Les groupes de travail autonomes ou semi-autonomes. - La « Recherche-action » associant le personnel à la solution des problèmes causés par les dysfonctionne-ments de l'organisation. - L'enrichissement des tâches. - L'autonomie des acteurs, la polyvalence des emplois. - La recherche de l'implication des salariés.			

Chapitre 6

L'école socio-économique

Si l'on n'accorde pas assez de considération professionnelle aux collaborateurs, on s'expose à supporter divers dysfonctionnements, contre-performances, charges excessives de fonctionnement et, en fin de compte, chute de la production. Ce sont là des coûts cachés, « produits » collectivement, que les outils de gestion, ne les connaissant pas, ne savent pas identifier. Bien qu'un peu réducteur, cela résume l'essentiel de la pensée socio-économique représentée en France en particulier par l'Anact et par Henri Savall (ISEOR).

Très tôt, comme on l'a vu précédemment, la question du contenu et de l'intérêt du travail a pris une importance remarquée dans la recherche de l'efficacité de l'organisation. En Europe, cette question a été abordée de manière plus globale en distinguant deux dimensions :

- d'une part les conditions matérielles du travail (bruit, pollutions, charge mentale, postures, sécurité) ;
- d'autre part les conditions d'exécution du travail à l'origine de dysfonctionnements coûteux (absentéisme, *turnover*, baisse de la conscience professionnelle, difficultés d'embauche pour certains emplois ou dans certaines firmes).

Dès la fin des années 1960, le domaine des conditions matérielles a donné lieu à un ensemble de réflexions et de dispositions législatives[1] diverses. Le second aspect a été exploré et développé dans différentes démarches et, en particulier, par le Tavistock Institute et dans les pays scandinaves (comme décrit au chapitre précédent) mais aussi par Herzberg. Ont été ainsi préconisés :

- la rotation dans les postes de travail pour éviter la fatigue et la monotonie ;
- l'élargissement des tâches par le regroupement d'opérations parcellisées auparavant ;
- l'enrichissement des tâches par attribution de responsabilités supplémentaires d'entretien, de réglage, de contrôle ;

---

1. En France : loi du 27 décembre 1973 instaurant le dialogue patronat-représentants du personnel sur le sujet. Création d'un secrétariat d'État pour la revalorisation du travail manuel en 1975 (L. Stoleru). Définition du statut et du rôle des comités hygiène sécurité et conditions de travail (CHSCT) des entreprises.

– les groupes de travail autonomes ou semi-autonomes.

Si la nécessité de faire participer les salariés à l'amélioration des conditions de travail s'est imposée progressivement à partir de la fin des années 1970[1], il a fallu faire une distinction entre les aspects purement sociaux du problème et les implications économiques : les dysfonctionnements générateurs de coûts parfois importants disparaissent à mesure que le personnel s'investit davantage dans son travail. On peut, à la fois améliorer l'efficacité de l'entreprise et la satisfaction des individus. Il existe des enjeux communs, ou du moins conciliables, entre les salariés et leurs employeurs.

Dans cette perspective, il y a lieu de développer, de manière aussi concertée que possible, des actions de restructuration des tâches fondées, comme dans les approches précédentes, sur l'enrichissement, la polyvalence et la constitution de groupes. Les applications réalisées chez Renault et dans l'usine commune Toyota-

---

1. En France, le rapport Stoléru (1978), la loi Auroux (1982) ont eu un retentissement notable qui s'est estompé par la suite. On a vu surtout se créer les équipes de recherche pour l'amélioration des conditions de travail (ERACT) sous l'impulsion de l'Association pour la prévention et l'amélioration des conditions de travail (APACT) qui faisait partie de l'Union des industries métallurgiques et minières (UIMM). Les ERACT ont été remplacées par les cercles de qualité.

General Motors aux États-Unis (à Freemont en Californie) ont montré que les gains de productivité obtenus avaient un taux de rentabilité interne supérieur s'ils provenaient de restructurations de ce type plutôt que d'investissements lourds en automatisation. En 1995, Toyota a encore réduit son taux d'automatisation pour produire ses 4X4 RAV4. Néanmoins, l'imitation progressive des modèles japonais, à partir de 1985 (juste-à-temps, flux tendus, flexibilité), a fait quelque peu oublier l'objectif de la qualité de vie au travail au profit de la productivité et de la réduction des coûts. C'est la prise en considération de cette mutation qui a donné naissance à l'approche socio-économique.

La théorie socio-économique considère l'entreprise comme un ensemble complexe dans lequel se rencontrent différents types de situations — physiques, technologiques, organisationnelles, démographiques et mentales. On discerne dans son fonctionnement un certain nombre d'anomalies et de perturbations qui se manifestent sous forme d'écarts avec ce qui était souhaité. Ces écarts sont regroupés en familles qui constituent autant de variables explicatives et de domaines de solutions. L'origine des dysfonctionnements est à rechercher dans l'interaction entre les situations et les comportements, qui proviennent le plus souvent d'une certaine inadéquation entre le niveau de formation ou d'information des personnes et le contenu de leur emploi.

Les conséquences financières – les « coûts cachés » – sont importantes et ne sont pas calculées. Par exemple, aucune entreprise n'évalue réellement l'ensemble des coûts liés à l'absentéisme : indemnités versées aux absents, temps passé par l'encadrement à réorganiser le service, salaires des remplaçants éventuels, préjudices liés aux retards pris dans certaines tâches, erreurs commises par les remplaçants, etc.

Cette approche est intéressante à divers titres, en particulier parce qu'elle permet de chiffrer économiquement l'impact des ressources humaines selon qu'elles sont bien ou mal gérées (ce que n'avait su faire l'École des relations humaines).

À NOTRE AVIS

Un des grands avantages – parmi bien d'autres – de l'École socio-économique est d'avoir, pour la première fois dans l'histoire du management, permis de quantifier les facteurs qualitatifs de productivité que représente le comportement de l'homme au travail, souvent conséquence du système opérationnel dans lequel il opère. Par exemple, l'importance de la motivation sur la productivité ne devient plus seulement incantatoire : elle peut se mesurer à travers le taux d'absentéisme, la qualité, le service client...

Les approches socio-économiques présentent l'intérêt de reconnaître le rôle des différents acteurs comme vecteurs primordiaux de la performance et du progrès de l'entreprise.

Elles sont à la fois systémiques (dans leurs études des diverses interactions entre facteurs) et sociologiques.

Malheureusement, leurs démarches sont souvent processionnelles, voire parfois lourdes, et tributaires d'un consensus entre direction et salariés, ce qui est loin d'être toujours le cas.

Tableau de synthèse

Les courants	Auteurs	Apports	Contenu	Image
Les conditions matérielles de travail La convergence des domaines du technique, du social et de l'économique	Anact Savall	Une partie des dysfonctionnements diminuant l'efficacité en générant des coûts souvent importants provient de mauvaises conditions de travail qui peuvent être corrigées par des techniques appropriées.	L'origine des dysfonctionnements, donc des coûts, se trouve dans les interactions entre la structure et les comportements, les niveaux de formation et le contenu des postes.	L'entreprise est un milieu humain contractuel qui établit des relations apaisées entre les acteurs.
Impact	*Positif* : cette approche a permis de chiffrer l'impact de la gestion des ressources humaines à travers ses effets sur la performance de l'entreprise grâce à une méthode spécifique. *Négatif* : la démarche comparable à celle de l'approche socio-technique, comme la méthode utilisée (recherche-action) est relativement lourde à développer et présuppose la qualité de la participation du personnel.			
Outils privilégiés	- Le diagnostic des coûts cachés. - La restructuration des tâches (enrichissement). - La contractualisation des relations de travail (Contrats d'Activités Périodiques). - La gestion des compétences. - Les tableaux de bord socio-économiques. - La méthode d'analyse et d'évaluation des coûts cachés.			

Chapitre 7

L'école systémique

Longtemps délaissée parce que considérée comme porteuse d'échec ou de semi-échec[1], l'approche systémique est en train de redevenir très présente, en particulier du fait de l'effondrement des coûts d'acquisition des informations et des coûts de transaction, des nouvelles facilités offertes pour le traitement des données, de la globalisation et de la mondialisation des échanges. L'école systémique est déjà ancienne. Les travaux de Charles Barnard, souvent considéré comme son fondateur, datent de 1938 alors que la notion de système est décrite dans la *Gestalt théorie* qui met l'accent sur la structure et démontre que les relations qui unissent les parties pour former un tout ont autant d'impor-

---

1. Aménagement du territoire, défense et course à l'espace (le succès a été atteint à un coût exorbitant, voire au prix de la ruine pour les Soviétiques), dysfonctionnements de l'Administration.

tance, sur le comportement du tout, que leur composition : *le tout constitue plus que les parties.* Il dépend bien évidemment des parties mais aussi des relations (ou structure) qui les ordonnent. C'est cet ensemble des parties et de la structure réunies qui constitue le *Gestalt*. On dispose de ce fait de plusieurs définitions pour le concept de système[1] :

- c'est un ensemble de parties interdépendantes, agencées en fonction d'un but, et on appelle structure l'ensemble des relations non fortuites liant les parties entre elles et au tout ;
- c'est un ensemble d'organes, de procédures, d'idées, organisé en vue de la réalisation d'un objectif commun et distinct de son environnement.

La théorie des systèmes se fonde sur l'idée que cette logique est applicable à tout ensemble organisé, quel qu'il soit. En outre, ses tenants vont chercher à combler les fossés qui vont s'élargissant entre les différents courants de pensée en matière d'organisation et de management (approches psychologique, quantitative, néoclassique) mais aussi à abolir les barrières séparant les autres sciences de l'activité

---

1. Dans le cas de l'École systémique, l'influence de la cybernétique (science des mécanismes auto-régulés) est claire.

humaine (informatique, recherche opérationnelle, ergonomie, macroéconomie, engineering, psychologie industrielle).

Elle a donné lieu à de nombreuses recherches parmi lesquelles on peut citer celles de J.W. Forrester (*Industrial dynamics*), celles de son « inventeur » Ludwig von Bertalanffy (1951) et de K. Boulding, qui inspira les travaux de « l'École de Seattle ». Elle a eu également une influence sur les réflexions de l'École sociotechnique du Tavistock Institute qui s'intéresse à la fois au comportement et à la technologie…

« Un système est une grosse boîte noire
Dont on ne peut ouvrir les serrures
Et tout ce qu'on peut en découvrir
C'est ce qui entre dedans et qui en sort

Identifier des couples d'entrant-sortant
Reliés par des paramètres
Nous permet, parfois, d'associer
Un entrant, un sortant et un état.

Si cette relation est bonne et stable,
Nous sommes alors capables de faire des prédictions,
Mais si nous n'y parvenons pas – à Dieu ne plaise !
Nous serons obligés de faire sauter le couvercle ! »[1]

L'analyse systémique raisonne, au moins au départ, *par analogie* : il existe des systèmes biologiques (le corps humain), des systèmes physiques (le système solaire), des systèmes sociaux. Par analogie, l'entreprise peut être considérée comme un système, organisme complexe, composé de multiples parties connectées, en évolution permanente sous l'action de l'environnement et de ses dirigeants. L'analyse systémique ne voit pas l'entreprise comme un ensemble de fonctions, services, mais comme un ensemble de sous-systèmes organisés pour assurer l'exercice des activités de l'Organisation. Celle-ci comporte :

— *une structure*, composée d'éléments matériels (locaux), incorporels (fonds de commerce), humains (personnel).

— *un réseau de flux physiques, financiers et d'informations* reliant ses différents éléments et réalisant l'unité de l'organisation.

---

1. Traduction tirée de *L'Art du Manager* de Pierre Morin. Version originale :

   "A system is a big black box
   Of which we can't unlock the locks
   And all we can find out
   Is what goes in and what comes out.

   Perceiving input-output pairs,
   Related by parameters,
   Permits us, sometimes, to relate
   An input, output, and a state.

   If this relation's good and stable
   Then to predict we may be able,
   But if this fails us -heaven forbid !
   We'll be compelled to force to lid !"

Ce système d'entreprise est ouvert (en relation avec l'environnement), finalisé (ayant des objectifs précis, distincts de ses membres) et régulé (c'est-à-dire capable de s'adapter en permanence).

Depuis 10 à 20 ans, l'analyse systémique est progressivement sortie de ses quelques domaines privilégiés pour, grâce en particulier à l'arrivée massive des nouvelles technologies, conquérir toute sa place dans l'entreprise : les SSII, en particulier, ont compris tout le bénéfice qu'elles pouvaient tirer de cette approche.

À NOTRE AVIS

L'analyse systémique est enfin sortie d'une approche, souvent enseignée mais sans application vraiment efficace, en tout cas pour l'entreprise : elle apparaît maintenant comme un concept, une méthodologie et des outils dont l'entreprise et le manager ne peuvent plus faire abstraction.

Le développement de la dimension écologique, et au-delà le développement durable, dans un contexte de mondialisation vont encore renforcer la pertinence et le poids de cette discipline.

Chapitre 8

L'école sociologique

Les approches sociologiques sont apparues progressivement en même temps que les grandes organisations, dès lors que certains chercheurs ont eu conscience qu'il n'était pas possible de relever une relation univoque entre le type de structure et les performances obtenues ; certaines organisations, très hiérarchisées et très formalisées, peuvent obtenir des résultats très supérieurs à ceux d'organisations peu formalisées, alors que, dans d'autres cas au contraire, elles connaîtront des blocages si puissants que toute évolution leur semblera interdite (J.-C. Scheid 1980). De la même façon, on a pu constater que deux organisations structurées de façon opposée pouvaient parvenir à d'excellents résultats. En d'autres termes, les observations théoriques expliquant l'efficacité par la nature du système économique, par des considérations d'ordre psychologique (comme les qualités des leaders ou les caractéristiques culturelles) ou des méthodes véritablement techniques (comme la division du travail) ont semblé insuffisantes pour expliquer à la fois le succès et les différences de structure.

Un des objectifs de l'explication sociologique des organisations va donc être de trouver les causes profondes des différences observées. Les réponses apportées ont été, et sont toujours, très variées.

Ce n'est que vers les années 1950 que les premières études expérimentales caractéristiques des démarches des sociologues se sont développées dans le but d'expliquer les différences entre les organisations en fonction de divers paramètres mesurables comme :

– la taille des entreprises et le nombre de niveaux hiérarchiques ;
– les technologies utilisées ;
– le degré de définition des tâches et le type de contrôle ;
– le type d'environnement dans lequel se trouve la firme ;
– le style de management.

La sociologie des organisations a donné naissance à de nombreux courants, parmi lesquels :

- *l'approche fonctionnaliste de la bureaucratie* à la suite de Weber ;
- *l'analyse stratégique* par le jeu des acteurs avec M. Crozier et E. Friedberg ;
- *la sociologie de l'identité et de la culture* (l'organisation est un lieu d'appartenance et de socialisation, avec Renaud Sainsaulieu) ;
- *l'analyse de l'influence des cultures nationales* et la nécessité d'un management interculturel avec Philippe d'Iribarne ;
- *l'analyse du pouvoir, du contrôle et de la participation* avec Amitaï Etzioni.

Le premier souci du sociologue est d'opérer des *classifications*. De ce point de vue, Max Weber a été un précurseur de cette approche en formulant une typologie des organisations de nature à fournir une explication cohérente de leurs différences de structures et de comportement. Il a été suivi par de nombreux auteurs comme Woodward, Crozier, Touraine, Parkinson, Peter, etc. et de très nombreuses études ont été inspirées par son œuvre.

En fait, Max Weber est véritablement inclassable mais sa relative proximité avec Taylor a conduit à traiter de ses théories au sein de l'École classique. Il pense en effet que la supériorité d'une organisation réside dans un plus grand contrôle et son efficacité est obtenue par la non-personnalisation des responsabilités, ce qui l'éloigne de l'approche comportementaliste (*behavioriste*) qui a nourri la réflexion de ceux qui pensent que la *structure organisationnelle* est modelée par les besoins, les capacités, les limites des individus et que, dans le même temps, elle modèle leurs comportements (A. Desreumeaux, 1998). Si ces démarches étudient particulièrement les modes de fonctionnement des organisations, elles se différencient en fonction des variables retenues comme majeures.

La critique de la bureaucratie

M. Crozier se situe dans la continuité des auteurs américains comme Merton, Gouldner et Selznick. S'appuyant sur une méthode d'études de nombreux cas, il met en évidence l'importance du concept de pouvoir dans les organisations, celle des règles informelles et les implications du jeu des acteurs.[1] Les règles informelles sont tout aussi structurantes que les règles formelles : dans bien des cas, dans les administrations notamment, les règles

---

1. M. Crozier, *Le phénomène bureaucratique*, 1963.

d'avancement à l'ancienneté amènent les acteurs à protéger leurs subordonnés et à privilégier la qualité des relations humaines plutôt que la productivité et l'efficacité souhaitée par la direction. M. Crozier y voit une tradition organisationnelle française. Ces règles formelles ne peuvent tout prévoir : il existe toujours des zones d'incertitude dont la maîtrise donne du pouvoir à certains. Ce pouvoir peut trouver son origine dans l'expertise, dans l'ancienneté, dans les réseaux de relations et de communication construits dans l'entreprise, la maîtrise des canaux d'information.

L'analyse stratégique

La réflexion sur l'efficacité et la performance des entreprises a été enrichie à la fin des années 1970 par la sociologie des entreprises, illustrée en particulier par M. Crozier et Erhard Friedberg[1], qui se situent dans le prolongement des travaux de March et Simon. Dans son « approche stratégique » des systèmes humains, cette analyse des organisations utilise quatre concepts clés :

---

1.   E. Friedberg, *L'acteur et le système*, Seuil, 1977.

1. La « *stratégie des acteurs* » : les salariés ne sont pas des moyens au service de la direction pour atteindre ses objectifs mais des acteurs, relativement libres et autonomes, qui développent des stratégies personnelles pour atteindre leurs objectifs propres au sein de la firme.

2. Le « *système d'action concret* » : c'est l'ensemble des relations, notamment informelles, que les acteurs tissent entre eux afin de résoudre les problèmes concrets et quasi quotidiens de l'organisation. Il s'agit d'un « construit social ».

3. Les « *zones d'incertitude* », normales et inévitables dans toute organisation et que tels ou tels acteurs maîtrisent, ce qui leur donne une certaine influence, voire du pouvoir.

4. Le *pouvoir* : c'est la capacité qu'a un acteur d'obtenir que les autres agissent. Il n'est pas nécessairement lié à la position hiérarchique mais peut avoir des sources diverses : la compétence, la maîtrise des relations avec l'environnement, la connaissance des règles de fonctionnement, etc.

À NOTRE AVIS

Les sociologues ont mis en évidence les stratégies d'acteurs et les jeux de pouvoir dans le fonctionnement de l'entreprise, dépassant en cela la seule référence à la satisfaction des besoins individuels chère à l'École des relations humaines ou à la dynamique de groupe des socio-techniques. Force est de constater la fréquente pertinence de leurs diagnostics.

Globalement, les sociologues portent un jugement voisin sur les causes, les origines, en France, de cette bureaucratie : la méritocratie, la confiscation par une « élite » du pouvoir aussi bien dans les grandes firmes privées que publiques (ce que certains appellent l'énarchie). Cette élite, formée à être dirigeant à vie, même si certains ou la plupart ne maîtrisent pas les enjeux technologiques ou managériaux, est considérée par beaucoup comme un des principaux facteurs de blocage de la société.

Deux types de solutions s'opposent de façon caricaturale : les libéraux, qui pensent que seule une forte rupture – une remise à plat – permettrait les changements nécessaires, et les autres qui voient dans une remise en cause de l'intérieur (place à la technique, à la promotion sociale, à la reconnaissance des acquis) et de la formation (diminution de la place de la culture générale, formation professionnalisante) la réforme souhaitable.

Malheureusement, les préconisations qui en découlent relèvent souvent d'une société idéale : trop réductrices, trop focalisées qu'elles sont sur telle ou telle dimension du fonctionnement de l'entreprise, elles oublient ici le marché, là le client.

Tableau de synthèse

Les courants	Auteurs	Apports	Contenu	Image
La contingence structurelle	Woodward, Lawrence, Lorsch Etzioni	Certaines variables ont un impact majeur sur la structuration des organisations. Elles peuvent être : • la technologie ; • la taille de l'entreprise, l'environnement.	L'organisation doit s'adapter aux variables de contingence : il n'y a pas de principes ou de modèles universels.	L'entreprise est un lieu de gouvernement où les individus s'allient et s'opposent dans la défense de leurs intérêts.
L'analyse du pouvoir L'analyse politico-stratégique	Crozier Friedberg, Touraine, Sainsaulieu, Ceyrt, March, Woodward	L'organisation est un construit social où les acteurs développent des stratégies particulières.	La répartition du pouvoir et son origine sont des facteurs explicatifs majeurs de l'organisation et de son fonctionnement.	
Impact	*Positif* : la source de tous les problèmes rencontrés dans une organisation et d'ordre politique (répartition des pouvoirs).			
	Négatif : la fréquente pertinence des diagnostics sociologiques débouche difficilement sur des actions concrètes de correction des dysfonctionnements, notamment en raison de la faible prise en compte des objectifs et des contraintes des organisations.			
Outils privilégiés	- L'audit de climat social. - L'étude des styles de management et la recherche de leur adaptation. - L'expression des salariés. - Les équipes de projet. - La gestion des conflits.			

Chapitre 9

Les écoles récentes

Selon de nombreux chercheurs actuels, l'organisation « fordiste » ou bureaucratique est en crise, et ce pour plusieurs raisons :

- le concept de poste de travail n'est plus adapté ;
- de nouvelles formes de coopération s'étendent, en particulier en matière de coopération horizontale : partage d'informations, interdépendance opératoire, décloisonnement des services, travail en équipe, etc. ;
- la notion d'entreprise qualifiante se développe.

Il y a lieu de distinguer l'« entreprise apprenante », qui se situe dans une logique *top down* de l'« entreprise qualifiante » qui est dans une logique *bottom up*. La Gestion prévisionnelle des emplois et des compétences (GPEC) développée par la direction des ressources humaines est un bon exemple de la première démarche. C'est l'activité de travail qui détermine la dimension qualifiante : l'appropriation de nouvelles technologies par les salariés est une condition *sine qua non* de la compétitivité de la firme. Ces nouvelles technologies sont autant d'occasions d'apprentissage et de développement des compétences.

Les démarches qualité indiquent que la satisfaction du client est appréciée en termes de service rendu et de service perçu. Pour de nombreux auteurs récents, la distinction entre producteurs et consommateurs n'est pas pertinente : il s'agit en fait d'acteurs qui remplissent les deux rôles à la fois.

Par ailleurs, le travail est confronté à de nombreux événements perturbateurs (pannes, réclamations de clients, problèmes de qualité, délais ou coûts, etc.) dont la résolution mobilise l'intelligence et implique une communication active et des interactions entre les services. Il y a donc une véritable élasticité du travail humain qui repose sur la prise en compte des compétences dans les organisations.

La compétence est considérée comme l'ensemble des connaissances traduites en actes par une personne dans différents domaines d'actions. Elle s'élabore à travers des rapports sociaux dans le cadre de la confrontation entre les acteurs de l'entreprise avec les enjeux individuels et collectifs. Il s'agit donc d'un construit social en situation de travail face à une production complexe à élaborer, ce qui exige à la fois autonomie, responsabilité et initiative. On distinguera ainsi :

— les compétences techniques ;
— les compétences sociales qui, souvent, prennent naissance et se développent hors de l'entreprise, au sens d'associations par exemple.

Le développement des études sociologiques

Depuis quelques années, les sociologues se préoccupent particulièrement des problèmes posés par la coordination des actions individuelles nécessaires pour constituer l'action collective. Leurs travaux se sont orientés dans plusieurs directions parmi lesquelles on peut citer les conventions qui sont des accords destinés à assurer la régularité des actions, à fixer des normes. Pour L. Botanski et

L. Thevenot[1], ces accords permettent de réduire les contradictions entre les « mondes » ou « cités » qui existent dans l'entreprise :

- la *« cité inspirée »* qui est celle de la créativité, de la volonté d'innover ;
- la *« cité domestique »* qui correspond au respect des traditions et à l'attachement aux règles du collectif de travail ;
- la *« cité du renom »* qui vise à la reconnaissance sociale grâce notamment à un système de relations publiques ;
- La *« cité civique »* motivée par la recherche e l'intérêt général ;
- la *« cité marchande »* qui justifie le recours à des contrats commerciaux ;
- et la *« cité industrielle »* qui correspond à une logique de productivité et de performance.

La forme la plus connue de ces conventions est apportée par la signature d'accords d'entreprise. Pour R. Salais, ces accords peuvent être implicites. Ils ont pour finalité de coordonner des intérêts contradictoires, des logiques d'action opposées mais qui doivent travailler ensemble pour satisfaire leurs besoins. À partir des années 1980, le Centre de sociologie industrielle a

---

1. L. Botanski et L. Thevenot, *Les économies de la grandeur*, 1987.

élaboré la « théorie de la traduction » en considérant que les innovations ignorent les frontières organisationnelles. Elles redéfinissent les rôles des acteurs au-delà de leurs logiques d'action : il faut souvent introduire dans la réflexion des entités non humaines de l'environnement qui sont en rapport avec les humains par des relations variées. Ces diverses entités contribuent à s'entre-définir.

Il s'agit véritablement d'un réseau socio-technique qui met en évidence l'hétérogénéité et la diversité des acteurs et facteurs nécessaires à la production et à la mise en œuvre de l'innovation.

La gestion de et par la qualité

Il y a plus de cinquante ans que les entreprises japonaises se disputent le prix Deming de la qualité, et plus de vingt ans en France que se généralisent les approches qualité. Juran, Deming puis Crosby et Schoenberger ont mis en évidence le rapport client/fournisseur qui existe à chaque étape du processus de production. Le concept de qualité totale s'est étendu à toutes les activités de toutes les entreprises :

– satisfaire les clients par l'aptitude des produits ou services à répondre au mieux à leurs besoins ;

– satisfaire l'entreprise dans son besoin de se développer et de répondre aux attentes de ses actionnaires et de ses sociétaires.

Pour mettre en place le management correspondant, il faut donner une importance particulière au système de relations à l'intérieur et à l'extérieur de l'entreprise, à la mise en place de réseaux d'échange, de coopération et de « fertilisation croisée » dans un esprit d'ouverture affirmé. Dans ce contexte, le Kaïzen se présente comme une démarche très élaborée qui s'appuie sur :

– un corps de doctrine ;
– une vision stratégique ;
– une logique ;
– un style de management ;
– des règles de travail.

La logique du kaïzen se trouve synthétisée dans le modèle PDCA : Planifier *(Plan)*, Agir *(Do)*, Contrôler *(Check)*, Réagir *(Action)*.

La démarche qualité a donné naissance à toute une efflorescence de développement, les uns extrapolant les méthodes et les outils, les autres se référant à la philosophie managériale sous-tendant la démarche. La gestion de – et par – la qualité, la gestion par les processus ont entraîné un glissement méthodologique progressif vers le domaine de l'organisation : « La qualité ne se contrôle pas, elle se fabrique » dit maintenant l'adage, indiquant par là que c'est l'organisation qui va « produire » de la qualité.

Afin de normaliser les pratiques et garanties, des organismes ont été créés visant à établir des normes, des qualifications, des traçabilités et des certifications. Il s'agit là d'un progrès considérable mais qui porte en lui-même le risque d'un certain conservatisme (frein interne : auto-satisfaction et externe : réduction des coûts de transaction).

La gestion de et par projet

La gestion par projet est devenue, sans doute, en quelques années, la forme la plus avancée de l'organisation. Ce mode de gestion correspond en effet à une synthèse actuelle, très élaborée, des enseignements et des apports de l'École néoclassique – la gestion décentralisée et contractualisée – et de l'École des relations humaines – importance donnée à la motivation des acteurs, à la gestion des compétences –.

Un projet, activité non répétitive qui vise à atteindre un objectif déterminé, nécessite généralement un arbitrage entre ses trois principales caractéristiques : la qualité, le coût et le délai. De ces trois dimensions, le respect du délai est le plus souvent privilégié.

Quatre phases ou tâches sont considérées comme minimum pour conduire à bien un projet : l'étude de faisabilité, le choix des solutions, la conception et le choix des contractants, et naturellement le bilan ou la fermeture. Toute gestion de projet va osciller entre deux choix méthodologiques :

– établir des règles les plus précises possibles de gestion prévisionnelle du projet (bien au-delà de la séparation classique entre maître d'ouvrage et maître d'œuvre), avec un système rigoureux de planification et de contrôle. Ce qui est quelque part en contradiction avec la gestion de l'inconnu, partie intégrante du projet ;
– mettre en place uniquement des espèces de méta règles donnant un cadre à l'action, mais laissant aux acteurs un grand degré de liberté pour adapter leur démarche aux aléas du projet lui-même.

Le Supply chain management

La logistique traditionnelle a subi de profonds bouleversements, au point d'en faire une des fonctions essentielles de l'entreprise. Elle est maintenant tirée par le client et organisée autour de lui, en devant dans le même temps intégrer les démarches de la qualité totale. On peut distinguer trois phases :

- une *intégration partielle* concernant les rapports avec les fournisseurs d'une part et les distributeurs d'autre part, permettant de réduire les différents en-cours tout en améliorant la qualité de service.
- *l'incorporation de l'EDI* (protocole d'échanges d'informations), développement des démarches juste-à-temps… Ces changements débouchent sur des processus transfonctionnels, impliquant de nombreux acteurs.
- enfin, une *intégration globale* entre l'amont et l'aval, qu'il s'agisse de la gestion de la demande client, des programmes de fabrication, des capacités de production ou de distribution.

La supply chain couvre les flux de produits, des matières premières allant jusqu'à l'utilisateur final, ainsi que les flux d'informations qui remontent la chaîne d'approvisionnement. Le passage d'une logique de flux poussés à une logique de flux tirés implique un très large usage des NTIC, c'est-à-dire une information partagée et synchronisée sur l'ensemble de la chaîne. Cette même logique s'applique tout naturellement au management stratégique des Achats pour réduire le coût total de possession. Cela implique une connaissance approfondie de tous les coûts des produits : matériaux directs, maintenance, auxquels il faut ajouter tous les frais annexes comme les transports, le stockage, la manutention, les frais de gestion. Une telle démarche débouche tout naturellement sur le concept d'*out sourcing*, sous-traitance, *make or buy…*

Une fois rendus en grande partie transparents les coûts et les marges tant internes qu'externes, se trouve posée la répartition de la valeur ajoutée, le long de la chaîne de valeurs, c'est-à-dire l'intérêt – stratégique ou tactique – à faire ou à externaliser telle ou telle partie de ses activités.

Le knowledge management

Le développement des services et du secteur tertiaire a profondément transformé ce qu'on a appelé la Révolution industrielle qui était fondée sur la transformation des ressources matérielles pour satisfaire la demande des clients et consommateurs. Peu à peu, la conquête du client et la qualité du service à lui rendre sont devenues les facteurs de succès par excellence, l'explosion des **NTIC** renforçant l'efficacité des méthodes permettant d'améliorer la performance dans ce domaine. La connaissance, le savoir, ont rapidement constitué la ressource clé de secteurs entiers de l'économie, d'où la nécessité d'en assurer la gestion et plus généralement le management : le knowledge management est né de cette nécessité.

Le management de la connaissance est une démarche visant à la fois à :

– collecter, structurer, organiser, capitaliser et mettre à disposition les informations dont l'entreprise a besoin.
– provoquer et encourager une communauté d'échanges et d'enrichissements mutuels permettant de faire évoluer les connaissances et le savoir-faire de l'entreprise.

La finalité de cette approche est avant tout d'optimiser l'aide à la décision en favorisant la disponibilité de l'intelligence et en facilitant les analyses stratégiques. On ne saurait réduire le knowledge management à des opérations informatiques, mais sans elles son essor n'aurait pas été possible. Plusieurs étapes ont jalonné son développement. Tout d'abord, les *bases de données* : l'utilisation des technologies des SGDB (systèmes de bases de données relationnelles) et des GED (système de gestion documentaire) ont permis la réalisation de stocks de données. Ensuite, Internet a amplifié l'intérêt des bases de données en permettant :

- les échanges et l'interactivité entre les acteurs du système (clients, opérationnels, utilisateurs) ;
- la formalisation des pratiques et des expériences pour en faciliter la diffusion.

Le développement d'Intranet et des portails a permis de privilégier les approches centrées sur les usagers, comme par exemple les échanges entre communautés virtuelles de professionnels ou la mise à disposition des ressources *on line* internes ou externes pour exercer efficacement leurs responsabilités professionnelles.

L'organisation en réseau

Il y a bien longtemps que les artisans, les entreprises travaillent à partir d'alliances, de coopérations, de partenariats pour mettre en œuvre des ressources complémentaires en diminuant l'incertitude sur les marchés ou sur l'utilisation de techniques. Les réseaux d'alliances se sont beaucoup développés ces dernières années pour de nombreuses raisons, parmi lesquelles :

- la globalisation des échanges obligeant la firme à s'internationaliser ;
- l'évolution des technologies et, avec elles, l'augmentation des dépenses de R & D qui incite les firmes à s'allier.

Ces réseaux peuvent revêtir plusieurs types, en particulier :

- des *partenariats entre firmes non concurrentes* comme les joint-ventures ou les accords intersectoriels ;
- des *alliances entre concurrents*, beaucoup plus fréquentes qu'on pourrait le croire, que ce soit au niveau de la production ou de la distribution.

Ces relations particulières reposent sur :

- la confiance fondée sur la qualité des relations interpersonnelles, de plus en plus élargies par un système contractuel strict s'appuyant sur un système d'information et de contrôle informatisé ;

- le sentiment d'un intérêt commun davantage fondé sur une perspective de création de valeur que sur l'espoir de réduction des coûts ;
- l'existence de centres de décision multiples obligeant à une négociation quasi permanente et pouvant provoquer des conflits d'intérêts.

On voit tout l'avantage que peuvent tirer les firmes de travailler en réseau. On en voit aussi les limites. D'une part, une alliance reste difficilement équilibrée et l'un des partenaires pourra avoir tendance à prendre une position dominante ; d'autre part, la gestion de réseaux entraîne des coûts de transactions relativement importants, risquant de diminuer sensiblement l'intérêt de l'organisation en réseau.

La flexibilité

Le concept de flexibilité a pris une telle importance dans l'Organisation des firmes qu'il nous a semblé utile d'y consacrer un développement relativement long et complet.

La flexibilité a été nécessaire à la survie et au développement de l'homme... depuis son origine. Avec la productivité, la flexibilité fait partie de ces quelques concepts qui sont à l'origine de polémiques sans fin entre les acteurs économiques et les théoriciens. Solution de tous les maux pour certains, génératrice de coûts sociaux importants pour d'autres, elle est présente dans presque tous les courants de pensée en matière d'organisation comme un résultat majeur à atteindre. L'actualité du concept tient à la nécessité, pour les organisations, de trouver une réponse aux évolutions et aux bouleversements de l'époque. À défaut d'accord sur ses modalités de mise en œuvre, on observe un certain consensus sur sa définition : la flexibilité est la capacité d'un système à s'adapter sous la double contrainte de l'incertitude et de l'urgence.

Pendant des siècles, environ jusqu'au XIe, le commerce, l'artisanat, l'agriculture se sont développés à partir d'une organisation en râteau, fortement flexible et vulnérable. Avec le développement de l'industrialisation, une intégration verticale s'est mise en place, s'appuyant sur une « organisation scientifique du travail », une certaine rigidité de production et l'anticipation des commandes ou de la consommation, c'est-à-dire en essayant de ne pas avoir recours à la souplesse comme moyen d'adaptation. Mieux, on s'efforcera, pendant la période d'industrialisation, de rendre les systèmes les plus rigides possibles et les plus continus de manière à diminuer les coûts (longues séries, pas de changement, pas de perte de temps, peu de formation).

Depuis quelques années, sous la pression d'impressionnantes innovations technologiques, en particulier en matière de système d'information, de la mondialisation des ressources et des marchés, des recentrages stratégiques des firmes, d'une demande de moins en moins prévisible de variétés et de différenciation de la part des consommateurs, se développe à nouveau une vive demande de flexibilité comme moyen de régulation et de croissance. Appliquée à des organisations complexes comme les entreprises modernes, la notion de flexibilité comporte de nombreuses dimensions ou déclinaisons parmi lesquelles on peut citer :

– la gestion des ressources ;
– les produits ;
– les processus de production ;
– la finition retardée des produits ;
– la tarification flexible ;
– la gestion de l'emploi et du temps de travail.

La flexibilité par la gestion des ressources

La première composante de la flexibilité est la gestion des ressources, le recentrage strict sur le métier qui permet d'externaliser un grand nombre de ressources, alors gérées de façon très souple.

Déjà, à Venise au XVIe siècle, le « marchand » constituait le pivot de l'économie et le centre du système productif. Il sous-traitait la quasi-totalité de ses activités : la construction de navires d'abord dans les fameux arsenaux vénitiens qui seront plus tard gérés par les municipalités (les arsenaux étant eux-mêmes éclatés en divers lieux de fabrication des sous-ensembles), la production d'objets manufacturés qui étaient vendus en Orient (fabrication qui était distribuée dans des familles ou de petites fabriques), les équipages. Tout était négocié avec la possibilité, à tout moment, d'accélérer ou de freiner l'ensemble de l'activité.

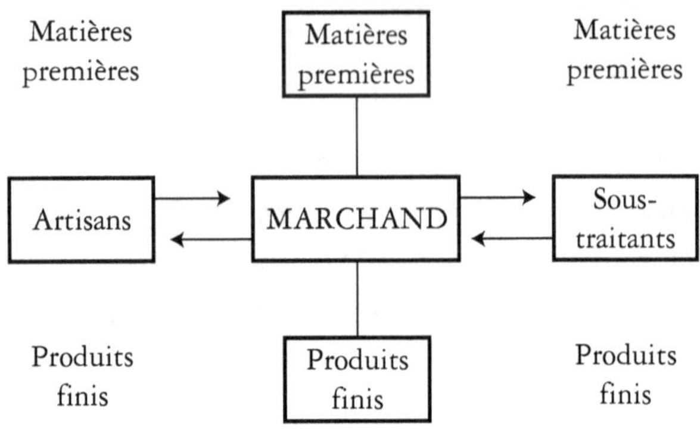

D'après Tarondeau, 1993

Pendant des siècles, le capitalisme marchand mit en place des organisations parfois vastes et complexes, toujours très souples. Pour ce faire, il s'appuyait sur des ressources externes comme :

– le maître, produisant à domicile avec quelques compagnons ;

– l'artisan ;

– l'ouvrier et sa famille, travaillant parfois dans le cadre d'une petite fabrique ;

– le paysan, travaillant à temps partiel à son exploitation et, pendant sa non-activité agricole, comme sous-traitant.

Le marchand fournissait à tous ses partenaires les matières premières et, bien sûr, les débouchés.

Le XIXe siècle verra progressivement la production se rigidifier, passant ainsi de ce que les

Américains appellent le *putting out* (gestion des ressources externes) au *factory system* (l'industrialisation). Plus l'entreprise est rigide, plus le travail à la chaîne en est une application et un symbole, plus les coûts de production vont baisser. La fabrication de produits uniformes va permettre de jouer sur les économies d'échelle.

La mondialisation s'installe, exacerbant la concurrence, non seulement sur les technologies ou les produits, mais encore sur les prix et les réseaux de distribution. Les consommateurs sont de plus en plus avides de variétés, de différenciation, d'identification personnelle au bien acheté. Les actionnaires deviennent impatients. Ils veulent la garantie de résultats à court terme. Le rôle des fonds de pension anglo-saxons est, de ce point de vue, très important.

Pour répondre à ces besoins impératifs de flexibilité, l'entrepreneur va développer une gestion des ressources qui lui sont nécessaires, la plus souple possible. Cette souplesse, qu'il ne trouve plus à l'intérieur de son entreprise, il va la chercher en « externalisant », en mettant à l'extérieur la production de ses ressources : il ne produira plus tout lui-même mais fera produire, au prix le plus bas possible, le maximum de biens ou de services possibles (pièces élémentaires, sous-ensembles, entretien, cantine, transport, gestion, etc.). Il répercutera sur ses fournisseurs la souplesse qu'exigent de lui ses clients. L'optimisation de la gestion des ressources externes *(out sourcing)* devient une des composantes principales de la flexibilité, retrouvant en quelque sorte ce que faisait le marchand il y a quelques siècles.

La flexibilité par les processus de production et les produits

La maîtrise du processus ou du produit est la deuxième composante de la flexibilité. Traditionnellement, jusqu'à une époque récente, on considérait qu'il y avait antinomie entre la flexibilité et la production en grande série. Or, l'automatisation permet à la production de masse de devenir beaucoup plus flexible, avec en particulier la rapidité de l'exécution, le changement d'outils automatiques, voire la possibilité de travailler en milieu agressif. Une maîtrise nouvelle de l'organisation du travail permet de passer d'une gestion de production rigide, avec un procédé maîtrisé, à une gestion plus dynamique, plus adaptée et plus souple : la gestion par projet. Il s'agit de la mobilisation, autour d'un résultat à atteindre, d'une équipe et des ressources nécessaires. Cette forte décentralisation introduit une grande flexibilité comme on peut le voir dans la mise au point de modèles d'automobiles (3 ans aujourd'hui contre 6 il y a quelques années).

On peut faire le même type d'analyse à propos de la conception des produits, c'est-à-dire examiner comment et dans quelle mesure on peut rapprocher la logique du producteur (faible diversité et fort volume) avec celle du marketing (forte diversité). De plus en plus, pour satisfaire le consommateur dont les besoins sont très divers et personnalisés, il faut que ce dernier ait la certitude d'avoir à sa disposition un grand nombre de produits. Ainsi, la première réflexion porte sur le nombre de modèles qu'il y a lieu de produire, chaque modèle étant composé de produits voisins. Prenons pour exemple les prospectus ou l'emballage qui accompagnent le produit : jusqu'à un certain niveau, on aura intérêt à présenter un modèle de prospectus ou d'emballage traduit en plusieurs langues, même si l'emballage en question coûte *a priori* un peu plus cher. On trouvera l'équilibre, ou le profit, avec le nombre d'exemplaires fabriqués. La flexibilité est là : quel que soit le client, pour un coût maîtrisé, on proposera la langue adéquate.

La gestion des stocks pose un problème d'un autre type : les stocks, dans une de leurs fonctions, servent à amortir les variations de la demande des clients en aval. De façon classique, pour avoir un temps de réponse aussi court que possible, il faut mettre les stocks de produits finis le plus en aval possible le long du processus de production. En fait, de nombreuses entreprises s'efforcent de trouver un compromis plus satisfaisant en stockant des produits intermédiaires (boîtes de vitesse, moteurs par exemple), puis en les assemblant à la demande. Là encore, pour maximiser la flexibilité, à un coût supportable, on décidera du positionnement des stocks selon une règle simple : moins on aura de variétés, plus on pourra anticiper. C'est ce qui se passe pour le lancement d'un nouveau modèle de voiture, surtout en bas de gamme, pour lequel il ne sera proposé qu'un nombre très limité de modèles, voire un seul.

Cette évolution a donné naissance au concept de différenciation retardée. L'entreprise va retarder le plus possible le moment où elle va créer la différenciation. On recherche la flexibilité maximale en aval et la simplicité maximum en amont. Dans de nombreux cas, c'est l'utilisateur lui-même qui crée ses propres variations de produits, se procurant lui-même la flexibilité souhaitée. Il appartient au producteur de favoriser cette créativité du consommateur, c'est-à-dire de lui offrir des produits qu'il pourra adapter à sa convenance. Un des nombreux exemples, spectaculaire, nous est donné par la grande distribution : dans une grande surface, le client assure lui-même son propre service en créant dans son *caddie* un nombre d'assortiments pratiquement illimité à partir de quelques centaines d'articles. La création de variétés est reportée sur l'utilisateur : dans un cas comme celui-ci, il est impensable que le distributeur stocke tous les *caddies* imaginables correspondant au besoin de chaque consommateur.

Le *do-it-yourself* correspond aussi à cette idée de se décharger sur l'utilisateur du fardeau que représente la partie la plus difficile à gérer, c'est-à-dire une finition extrêmement variée. De surcroît, dans de nombreux cas, tout se passe comme si le consommateur était heureux de participer à la création du produit spécifique.

Le « *revenue management* » ou tarification flexible

La flexibilité commerciale ou *revenue management* représente une autre dimension de la flexibilité. C'est la souplesse du management des ventes jouant sur les prix et les volumes pour améliorer le chiffre d'affaires. Cette méthode est maintenant bien connue. Elle est utilisée par les salles de cinéma (qui offrent une réduction significative le lundi), pour les tarifs des chemins de fer (les périodes bleues et blanches de la SNCF) et les compagnies aériennes. Ces dernières ont compris très tôt l'intérêt de ce qu'on appelle aussi le *yield management*, c'est-à-dire la gestion dans le temps des capacités de transport en regard des volumes de demande.

La flexibilité par la gestion de l'emploi

Le dernier mode d'obtention de la flexibilité, l'organisation et la gestion de l'emploi, est bien évidemment le plus sensible et le plus actuel. S'il a toujours été présent dans les préoccupations, il a pris une acuité particulière sous la pression des lois sociales et de l'environnement concurrentiel. Derrière ce débat se profile toujours la question clé : comment résister à la concurrence des pays à bas salaires qui sont capables de produire à bas prix des biens à faible valeur ajoutée ?

Sur un plan théorique, il s'agit de mettre en place une nouvelle organisation du temps de travail qui permette à la fois :

- à l'entreprise, d'optimiser l'ensemble de ses ressources en fonction de ses activités ;
- au salarié, de travailler dans de meilleures conditions ;
- une amélioration de l'emploi.

Ces trois logiques sont, à l'évidence, difficilement compatibles[1].

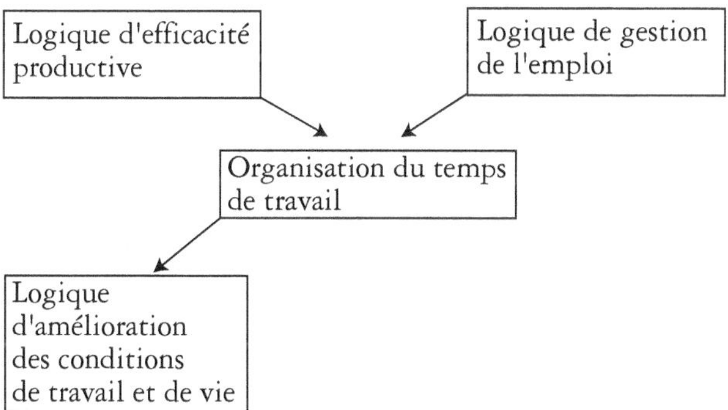

Les objectifs de l'organisation du temps de travail d'après M. Pépin et Y. Le Roux

---

1. Sinon, on aurait du mal à comprendre le débat, souvent violent, qui a accompagné la décision politique de passer à la semaine des 35 heures.

Le problème est, qu'en France, la flexibilité est
associée à la réduction du temps de travail alors
qu'il existe plusieurs types de flexibilité :

- la flexibilité interne et la flexibilité externe ;
- la flexibilité quantitative et la flexibilité qua-
  litative.

Flexibilité et temps de travail		
	Externe	Interne
Quantitative	- Travail temporaire - CDD - Licenciements	- Modulation de la durée du travail - « Stocks » de main-d'œuvre - heures supplémentaires - Chômage partiel
Qualitative	- Sous-traitance - Travail à façon	- Polyvalence - Mobilité interne

D'après J.-P. Mongrand

À NOTRE AVIS

Les approches organisationnelles ont pendant
trente ou cinquante ans subi des évolutions
somme toute modestes.

Depuis dix à vingt ans, on assiste – sous la pression des innovations technologiques, des évolutions de l'offre et de la demande – à l'arrivée de
nouveaux concepts, de nouvelles formes d'organisation qui bouleversent en profondeur l'entreprise.

L'intégration de la qualité, du rapport client/
fournisseur, a perdu son caractère de mode
pour être maintenant totalement introduite
dans et hors l'entreprise.

La gestion par projet, avec encore un taux d'échec beaucoup trop élevé, s'impose comme le moyen le plus efficace pour lier les hommes autour d'un objectif à atteindre.

Le supply chain management et une de ses applications, le trade marketing, améliorent de façon spectaculaire la productivité et la rentabilité le long de la chaîne de valeur ajoutée.

Le Knowledge management intègre toute la dimension gestion et transmission des savoirs, caractéristique d'une société tertiaire.

La souplesse organisationnelle si nécessaire à la survie et au développement de l'entreprise se gère en particulier par deux dimensions :

- l'organisation en réseau qui permet de produire et vendre bien au-delà de ses propres ressources ;
- et surtout la flexibilité qui ne saurait être réduite à sa dimension gestion de l'emploi mais qui intègre dorénavant la gestion des ressources, le processus de production et la tarification flexible.

PARTIE II

PARTIE II

La culture générale avec les grands auteurs

Chester Barnard (1886-1961)

« La seule et plus importante contribution que l'on demande à un cadre, sans doute aussi la qualification la plus universelle, est la fidélité à l'entreprise, l'adhésion et la reconnaissance de la personnalité de l'organisation. »

Universitaire, il fut professeur à Harvard. Et praticien, il fut un important manager à ATT et président de New Jersey Bell Telephon Company. Influencé par G. E. Mayo, il fut très critique à l'égard des théories de Taylor et de Weber.

Dans son ouvrage *The Function of Executive*[1], il met l'accent sur l'importance de la dimension humaine dans le travail, en particulier au travers des concepts d'équipe et de groupe. Il insiste sur la nécessaire intégration de la *dimension informelle* et des comportements humains au travail, tant sur le plan individuel que collectif, dans la compréhension de l'organisation

---

1. Charles Barnard, *The Function of Executive,* Harvard, 1938.

formelle. L'organisation, qui est un système social d'interactions complexes, repose sur la volonté de coopération de personnes capables de communiquer entre elles et qui sont orientées vers des buts communs : il est donc essentiel de prendre en compte les comportements des acteurs et l'organisation informelle, affective et émotionnelle, qui vit à côté de l'organisation formelle.

Précurseur encore, conscient de l'importance du concept de culture d'entreprise, il influença beaucoup T. Peters et R. Waterman pour leur ouvrage *Le prix de l'excellence* de 1983.

Charles Bedeaux (1888-1944)

« L'unité de mesure – le point B – est la quantité de travail qu'un homme normal peut fournir en une minute, pendant huit heures par jour sans compromettre sa santé. »

Divers « disciples » de Taylor se sont efforcés de perfectionner les méthodes tirées de l'étude des gestes ou du chronométrage. *L'étude des mouvements élémentaires* (en attribuant un temps à chaque mouvement de base) a donné naissance au *MTM*, généralisé à une époque dans l'industrie certes par sa capacité de raisonner sur des définitions de postes (et non seulement des descriptions) mais aussi (surtout ?) pour que l'observation (fin des années 1960) du travail des ouvriers soit moins traumatisante.

Charles Bedeaux, ingénieur franco-américanisé, est un peu la caricature d'un taylorisme instrumentalisé à l'excès. Il met au point un système de mesure du travail définissant un temps alloué pour exécuter une tâche quelconque.

L'unité de mesure était le point minute ou bedeaux, ou point B. Cela correspond à la quantité de travail qu'un homme normal peut fournir en une minute, pendant huit heures par jour sans compromettre sa santé.

Conseiller du ministre de la Guerre du gouvernement de Vichy, il fut arrêté à Alger par les Américains et retrouvé mort en prison.

David Mac Clelland

« Les évaluations de compétences étudient les personnes qui font bien leur travail et définissent la fonction en termes de caractéristiques et de comportements de ces personnes. »

Dans son ouvrage de 1962 *The Achieving Society*, David Mc Clelland souligne l'importance capitale, pour tout individu, de la réalisation de ses objectifs personnels. Cette volonté correspond aux besoins les plus élevés de Maslow. Ces besoins, qui proviennent de la culture, des normes et des expériences personnelles, sont :

– le besoin de réalisation, de gagner dans la compétition, d'être le meilleur : c'est « l'accomplissement ».
– le besoin « d'affiliation », c'est-à-dire d'établir et de maintenir des relations d'amitié avec les autres. C'est un besoin d'approbation sociale, de considération et d'appartenance à un collectif.
– le besoin de pouvoir, d'exercer une influence sur les autres, de contrôler une situation.

Pour Mc Clelland, seuls les besoins dominants sont motivants. Il n'existe aucune préséance entre ces trois besoins ressentis indépendamment de la satisfaction des autres.

En 1971, il précise dans *Assessing Human Motivation*, que les leaders performants sont ceux qui préfèrent se fixer eux-mêmes leurs objectifs et attendent un « retour sur investissement » observable, une réelle progression personnelle.

Michel Crozier (1922-)

« Quand on affronte les problèmes de demain avec les orga-nisations d'hier, on récolte les drames d'aujourd'hui. »

et Alain Touraine (1925-)

« Les philosophes croient faire leur miel de tout, mais ce n'est que de la cire. »

La sociologie française est depuis près d'une centaine d'années représentée par de fortes personnalités comme Michel Crozier, Ehrard Friedberg, Alain Touraine, Renaud Sainsau-lieu… Peu ou prou, les écoles françaises se caractérisent par une analyse critique de la société bureaucratique française. Si les analyses sont relativement convergentes sur les causes du « mal » français – un système d'organisation incapable de se corriger en fonction de ses erreurs et dont les dysfonctionnements sont devenus un des éléments essentiels de l'équi-libre (Crozier) ; un système précis et hiérarchisé de fonctions et non d'individus : chaque poste est défini par rapport aux autres postes, au sein de la même organisation et les décisions impor-tantes sont prises à l'extérieur de l'Organisation (Touraine) – les solutions proposées divergent profondément.

Pour les uns (Crozier…), une rupture est nécessaire, avec une place accrue de la concurrence. Pour les autres (Touraine…), l'introduction de puissantes réformes internes au système éducatif et industriel comme l'introduction et le développement des compétences opérationnelles permettraient de lutter contre le pouvoir bureaucratique (réservé à ceux qui détiennent la culture générale).

Peter F. Drucker (1909-)

« La meilleure façon de prévenir l'avenir, c'est de le créer. »

Considéré comme le fondateur de « l'École empirique » ou « néoclassique », théoricien du management le plus connu du grand public, Peter F. Drucker a commencé sa carrière comme journaliste en Autriche (il est né à Vienne) qu'il a quittée pour la Grande-Bretagne en 1933.

Déjà connu comme économiste, il arrive à New York en 1937 où il s'installe comme consultant en management. Embauché à ce titre par General Motors, il y développe son apport essentiel : la direction par objectifs.

Professeur à l'université de New York, il publie une trentaine d'ouvrages dont, en 1954, *The Practice of Management* et, vingt ans plus tard,

Management : Taks, Responsabilities, Practices dont le succès mondial est reconnu. Il y développe quelques idées forces :

– ce qui compte pour l'entreprise, ce n'est pas le pouvoir mais les responsabilités ;
– les principaux objectifs de l'entreprise lui sont extérieurs : c'est, avant tout, le client ;
– la maximisation du profit constitue une finalité irréaliste : l'important est la vision à long terme, la cohésion, la coordination ;
– s'il existe plusieurs types pertinents d'organisation possible, c'est la stratégie qui commande la structure ;
– le management est une activité et une compétence professionnelle en soi et le dirigeant est comparable à un chef d'orchestre.

On a reproché à Peter F. Drucker d'être trop… Américain, c'est-à-dire d'avoir trop valorisé l'esprit de compétition, de dépassement de soi et de réalisation (*achievement*) et d'avoir méconnu la nature systémique de l'entreprise en oubliant que la *General Systems Theory* de Ludwig von Bertalauffy a été publiée en 1951 et 1968.

Henri Fayol (1841-1926)

« L'autorité c'est le droit de commander et le pouvoir de se faire obéir. »

Ingénieur français, diplômé de l'école des Mines de Saint-Étienne, Fayol est incontestablement une figure exceptionnelle de l'histoire des Organisations. Premier praticien et théoricien à s'être occupé de l'administration (management/organisation) de l'entreprise, il formule une théorie administrative flexible et complète, mélange de méthodes, de guides opérationnels et de principes moraux.

Sans doute beaucoup plus connu (reconnu) aux États-Unis qu'en France, il a posé d'abord toutes les bases d'une gestion moderne de la firme. Il a ensuite initié les fondements d'une discipline, d'un métier, d'un enseignement spécifique de gestion. Son ouvrage fondamental, écrit après une vie d'expérience, mérite toujours d'être étudié [1]. Si la démarche de Fayol recoupe les propres apports de Taylor, il s'en est écarté parfois fortement. D'abord, Fayol est avant tout un homme d'entreprise. Il a dirigé pendant trente ans la Société de Commentry-Fourchambault-Decazeville.

---

1. H. Fayol, *Administration industrielle et générale*, 1916.

Si le concept de division du travail (spécialisation) est présent chez Fayol, par expérience, il constate que chaque poste met en œuvre une ou plusieurs activités parmi les six suivantes : technique, commerciale, financière, sécurité, comptable, administrative. Le cadre en particulier doit savoir équilibrer son implication, par exemple en faisant à la fois des prévisions à un an et des prévisions glissantes à dix ans. Il constate que spontanément dans toute entreprise on a tendance à favoriser les cinq premières fonctions alors que la sixième (administration/organisation/management) est souvent délaissée. Il énumère quatorze principes dont certes la division du travail mais aussi (contrairement à Taylor) l'unité de commandement, l'intérêt général, la rémunération équitable, l'initiative, l'esprit de corps.

La souplesse et la pertinence de l'approche de Fayol, au-delà de propos parfois un peu vieillis, en font un des pères des fondateurs de la gestion moderne.

Henry Gantt (1861-1919)

« Les tâches ne doivent être fixées qu'après une enquête scientifique, permettant de définir un travail à faire à une allure raisonnable et avec une récompense suffisante, possible à obtenir grâce à la formation reçue. »

Ingénieur américain, il travaille avec Taylor notamment aux aciéries de Bethleem où il formalisa la stimulation des ouvriers à la tâche par l'attribution de boni. Dans ses travaux, apparaît la dimension sociale de l'organisation – importance d'un travail intéressant sur la diminution de la fatigue ; instauration d'un climat de coopération profitable tant à l'employeur qu'à l'employé. Le souci de bonne préparation du travail a conduit Gantt à s'intéresser à l'élaboration des méthodes de préparation de la production. C'est certainement à ce titre qu'il est connu de nos jours avec des diagrammes qui portent son nom. Il n'est pas exagéré de dire qu'il est à l'origine des conceptions actuelles de gestion de projets.

Exemple de diagramme de Gantt « au plus tard » d'un projet.

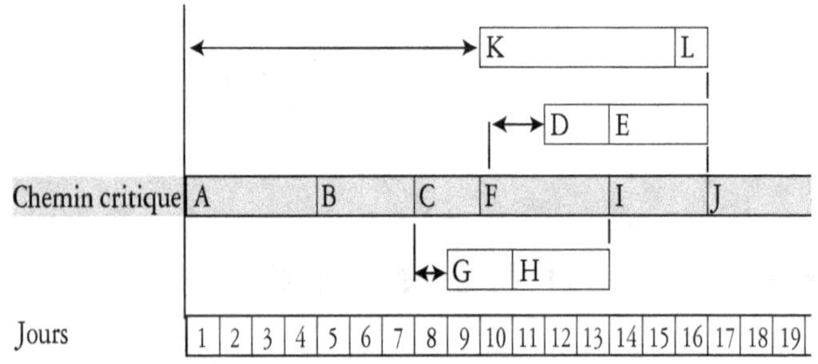

A, B, K : tâches

Marge totale des tâches D, G, K

Frank Bunker Gilbreth (1868-1924)

« Si un homme est assez fatigué pour qu'il lui soit impossible d'exécuter un meilleur travail, il lui faut l'obliger à se reposer. »

Avec sa femme – même si Taylor contesta la « filiation » de leurs travaux – il développa la division du travail et la spécialisation des tâches. Le *Bureau des temps élémentaires* analyse et décompte les mouvements grâce à des enregistrements cinématographiques à l'aide des célèbres THERBLIGS (anagrammes de Gilbreth) : chercher, trouver, choisir, saisir, tenir, déplacer, positionner, assembler. Comme le fait remarquer Jacques Rojot[1], une bonne introduction au taylorisme souvent hilarante (!) consiste à lire les deux ouvrages traduits en français *Treize à la douzaine* et *Six filles à marier* où 2 des 12 enfants de Gilbreth racontent les méthodes d'éducation tayloriste qui leur furent appliquées.

Douglas Mac Gregor (1906-1964)

« Il n'y a pas de mauvais soldats, il n'y a que des mauvais chefs. »

Alors qu'il était professeur de psychologie industrielle à Harvard puis au MIT, son ouvrage de

---

1.   J. Rojot, *Théories en Organisation*, ESKA, 2003.

référence *La dimension humaine de l'entreprise*, paru en 1960, cherchait à démontrer que ce sont les hypothèses formulées par les dirigeants quant à la nature humaine au travail qui déterminent leur style de management et, partant, l'organisation de l'entreprise. Son modèle X/Y oppose la théorie classique au concept d'épanouissement des potentialités humaines.

Frederic Herzberg (1923-)

« La fonction première de tout groupement social devrait consister à mettre en œuvre les moyens permettant à l'homme de jouir d'une vie ayant un sens. »

Psychologue et médecin, au fort engagement politique et religieux – sa comparaison entre Abraham, capable de grands accomplissements et Adam devant se contenter de satisfaire des besoins élémentaires est restée célèbre.

Son idée principale est que les circonstances qui conduisent à la satisfaction dans le travail sont de nature différente de celles qui procurent une « dissatisfaction » au travail. Cette thèse a été développée dans un très célèbre article de la *Harvard Business Review* en 1968 : la motivation ne vient pas de l'élimination des facteurs d'insatisfaction (donc de l'amélioration des facteurs d'hygiène) mais du développement des facteurs de motivation.

Même si elle a été contestée par la suite (Peter Drucker), on voit combien cette théorie a servi de base de réflexion à nombre de syndicats, réformateurs, politiques, en particulier à la fin des années 1960.

Paul Roger Lawrence (1922-) et Jay William Lorsch (1932-)

« L'intégration se définit comme la qualité de la collaboration qui existe entre des départements qui doivent unir leurs efforts pour satisfaire aux demandes de l'environnement. »

À partir des années 1960, de nombreuses enquêtes statistiques furent lancées à travers le monde pour tester les hypothèses émises expliquant la structure des entreprises par la technologie (comme chez J. Woodward) ou les caractéristiques de l'environnement (comme chez T. Burns et J.-M. Stalker).

P. Lawrence et J. Lorsch, professeurs d'organisation à Harvard, s'inscrivent dans un groupe d'auteurs de courants divers, unis cependant dans ce qu'il est convenu d'appeler la fameuse *contingency theory* ou théorie de la contingence.

En effet, selon eux, la structure de l'entreprise dépend de :

– la technologie (selon J. Woodward) ;
– l'environnement ;
– l'informatisation et l'automatisation.

Cette théorie a une grande influence aujourd'hui, du fait de leur approche intégrant stratégie et organisation, avec deux conclusions :

– il est faux d'affirmer qu'une structure d'organisation est meilleure qu'une autre ;
– il existe des structures d'organisation plus efficaces que d'autres.

Lawrence et Lorsch s'efforcent de répondre à la question de savoir quelles sortes d'organisation sont nécessaires pour faire face aux différents environnements de la firme. Ils considèrent que les deux principales écoles (l'École classique et celle des relations humaines) ne résolvent pas le problème de la conception (*design*) des structures d'organisation valable pour chaque cas précis :

– la première, avec sa division du travail ;
– la seconde, en proposant un travail intéressant pour chaque groupe.

Finalement, ces deux écoles considèrent qu'il existerait une organisation qui serait toujours la meilleure. Ils vont donc s'efforcer d'analyser l'incertitude de l'environnement d'une organisation et sa structure interne : plus fort est le degré de certitude d'un sous-environnement (celui du marketing, de la technique), plus formalisée devra être la structure.

D'une façon générale, les différences entre les sous-environnements génèrent des structures différentes comme l'illustre le tableau ci-dessous.

La démarche de Lawrence et Lorsch est fondée sur l'étude des états de différenciation et d'inté-gration des systèmes organisationnels qui peuvent être résumés comme suit.

Les quatre dimensions de la différenciation des divisions
- La nature des objectifs (volume des ventes, coûts de production). - L'orientation temporelle (conception, production). - Les relations interpersonnelles (centrées sur les tâches ou sur les aptitudes des personnes). - La formalisation et la hiérarchisation (beaucoup de règles, peu de contrôle).

Les trois types d'environnement
Scientifique (connaissances claires ou incertaines). Marché (connu ou non). Technico-économique (tâches bien analysées et maîtrisées ou non).

L'incertitude de chacun de ces trois types d'environnement est mesurée par trois grandeurs :

- la validité des informations utilisées (plus ou moins certaines) ;
- l'exactitude des relations causales (plus ou moins certaines) ;
- le temps, plus ou moins long, pour connaître les résultats de l'action.

Ils en déduisent un indice d'incertitude globale pour chaque type d'environnement et des relations extrêmement précises. Il semblerait que les firmes les plus efficaces soient celles qui respectent le mieux ces relations.

Ils citent en exemple une entreprise de la plasturgie dans laquelle :

- la recherche est peu structurée et orientée sur le long terme, avec des relations fondées sur les tâches, dans le cadre d'un environnement incertain.
- le marketing est moyennement structuré et orienté vers le moyen terme, fondé sur les aptitudes individuelles face à un environnement moyennement incertain.
- la production et l'administration, centrées sur le court terme, sont très structurées et

orientées vers des tâches précises du fait de leur environnement certain.

Mais, dans le même temps, il faut tenir compte de l'intégration, c'est-à-dire de l'ensemble constitué par :

— les contacts directs entre les managers ;
— les comités ;
— les services de liaison ;
— les règles interdépartementales (budgétaires par exemple) ;
— les structures matricielles.

Les entreprises les plus performantes sont celles qui, à différenciation égale, réalisent la meilleure intégration. Et Lawrence et Lorsch en tirent quelques règles d'organisation :

— il faut regrouper les activités ayant les mêmes orientations par rapport à l'environnement et qui doivent être intégrées pour l'exécution : l'intégration se fait par la hiérarchie, sachant que si elle n'est pas obligatoire, on regardera ce qui peut être optimisé, sans pour autant promulguer des règles générales.
— il existe de nombreux moyens d'intégration et on peut ne pas s'en tenir seulement au seul rôle de la hiérarchie.

Kurt Lewin (1890-1947)

« La recherche-action est une recherche comparant les condi-tions et les effets de différentes formes d'action sociale et conduisant à l'action sociale. »

Né en Allemagne, docteur en philosophie qu'il enseigne, il fit des recherches en psychologie à l'université de Berlin puis émigra aux États-Unis et devint professeur à Stanford et à Cornell University. Il fut ensuite directeur du centre de recherches pour la dynamique de groupe – *group dynamics*, expression qu'il crée en 1944 – au MIT.

Parmi de nombreux sujets, il s'intéressa aux phénomènes de groupes humains restreints et aux problèmes de leadership, de climat social, de valeurs et de standards de groupe, avant de traiter des contraintes sociales imposées aux groupes par la technologie, la loi, la poli-tique, etc. Ses travaux eurent une influence considérable et sont toujours prolongés aujourd'hui au point que l'on parle encore d'école lewinienne.

Appliquée à la personnalité humaine et aux relations entre individus dans les groupes, sa méthode, qu'il a appelée théorie du champ

130

s'oppose à l'interprétation psychanalytique de Freud[1].

Les idées théoriques de K. Lewin furent développées dans un grand nombre de recherches expérimentales[2] parmi lesquelles on peut citer celles sur les influences du style de leadership sur un groupe en fonction de la manière dont le leader prend des décisions, répartit les tâches, décide de la composition des sous-groupes, évalue le travail fait et participe à son activité. Il distingue ainsi :

---

1. C'est plutôt une métathéorie dans la mesure où les concepts énoncés servent à construire la théorie suivante :
    1. Il faut appréhender toute la réalité du comportement humain d'une manière scientifique (et non se consacrer à certains de ses aspects seulement).
    2. L'ensemble des concepts doit être valable à la fois pour décrire les comportements réels et pour construire des concepts théoriques.
    3. Les concepts doivent être construits spécialement pour la psychologie, même s'ils peuvent être empruntés à la physique et à la biologie.
    4. Chaque réaction de comportement est la résultante de l'ensemble des faits qui constituent la situation réelle du moment et seuls les états présents agissent sur le futur (principe d'action immédiate).
    5. La recherche théorique doit être utile pour l'action : « Rien n'est aussi pratique qu'une bonne théorie. »
    6. Les mathématiques sont un instrument utile pour soutenir une théorie en psychologie. Elles permettent de faire des analyses multidimensionnelles.
2. Ses expérimentations étaient très minutieuses et contrôlées comme un travail en laboratoire, ce qui les distinguaient des observations cliniques effectuées par E. Mayo et son équipe.

131

– *le leader autoritaire* qui se tient à distance du groupe et use d'ordres pour diriger les activités du groupe.

– *le leader démocratique* qui fait des suggestions, encourage les membres du groupe et participe pleinement à sa vie.

– *le leader « laisser-faire »* qui apporte son expertise mais ne manifeste que très peu d'implication et participe au minimum aux activités.

Alfred Marshall (1842-1924)

« Dans un certain sens, il n'y a que deux agents de production, la nature et l'homme. Le capital et l'organisation sont le résultat de l'effort de l'homme aidé par la nature et ils sont basés sur le pouvoir qu'il a de prévoir l'avenir et son désir d'y pourvoir. »

Né en banlieue de Londres, Alfred Marshall est un économiste préoccupé de problèmes sociaux. Il est considéré comme le fondateur de « l'École de Cambridge » de science économique qui a servi de maître à penser dans les années 1920-1930 à tous les chercheurs qui, avec un certain succès, voulaient concilier les thèses socialistes et libérales.

Aux facteurs de production classiques (la nature, le capital et le travail), il ajoutait l'organisation, celle de l'entreprise, de la branche et de l'État. Il relie en effet le prix du travail, qui rémunère la peine nécessaire à produire une certaine quantité de marchandise, à la qualité de l'organisation de cette production.

Cette organisation constitue le « capital auxiliaire » ou « instrumental », grâce auquel l'homme renforce l'efficacité de son activité productive. Toute nouvelle organisation qui permet de faire des économies peut être considérée comme consommatrice de temps et de travail pour sa mise en œuvre. C'est donc une sorte d'épargne en vue d'une consommation future et il y a lieu d'évaluer, avant toute décision, ses coûts et avantages en termes de rendement et d'utilité.

Abraham H. Maslow (1908-1970)

« Les besoins humains sont organisés en une série de niveaux, hiérarchisés selon leur importance… Un besoin satisfait n'est plus une source de motivation dans les comportements. »

Né à New York, psychologue spécialiste du comportement, il est, selon Peter Drucker, le père de la psychologie humaniste. Il a inventé le concept de *hiérarchie des besoins* pour définir les origines de la motivation humaine. L'optimisme des chercheurs contemporains quant aux

133

qualités de la nature humaine se trouve tout à fait dans la ligne de sa pensée.

Son postulat est qu'une fois satisfaits les besoins physiologiques fondamentaux de l'individu, (non seulement la satisfaction du besoin de chaleur, de nourriture et d'activité sexuelle mais aussi le besoin d'évoluer dans un environnement sûr et structuré), les besoins supérieurs d'amour, d'estime et de réalisation du potentiel personnel peuvent l'être à leur tour.

La grande découverte de A. Maslow a été de s'apercevoir qu'aucun de ces besoins, de ces désirs, n'est absolu : dès que l'un d'eux est satisfait, le fait même qu'il soit satisfait cesse de le rendre important. En d'autres termes, un besoin satisfait n'est pas une motivation.

George Elton Mayo (1880-1949)

« Il faut comprendre l'organisation comme un système social ; les sentiments des travailleurs, leurs motivations ne peuvent se comprendre qu'à partir de l'ensemble des relations qu'ils entretiennent avec les divers groupes, et notamment, les techniciens et les chefs. »

Né en Australie, il est considéré comme le fondateur de la sociologie en milieu industriel, l'inventeur du mot « relations humaines » et ses principaux thèmes font encore l'objet d'études psychosociologiques dans le monde entier. Parmi ceux-ci, on peut distinguer :

- les relations entre productivité et moral des employés ;
- les rapports personnels à l'intérieur et entre les groupes ;
- les différentes manières de diriger.

Après avoir effectué quelques études de médecine à Édimbourg, en Écosse, il fut étudiant en psychologie à Adélaïde (Australie) où il devint enseignant en philosophie, psychologie et logique. Il étudia les travaux d'un psychologue français, P. Janet, sur l'hystérie et l'obsession, et commença des recherches sur la psychologie médicale et le problème des tâches répétitives et monotones dans l'industrie.

En 1922, il part aux États-Unis, d'abord comme enseignant à la Wharton School de Philadelphie puis à Harvard (1926-1947) où il développe ses grandes recherches sur les hommes au travail. La plus connue est une étude de cinq années à l'atelier Hawthorne de la Western Electric Company (usine de fabrication de téléphone à Cicero, Chicago).

Il en tira comme conclusion que les bons résultats d'un groupe étaient davantage liés à la qualité des relations à l'intérieur de ce groupe qu'aux conditions physiques d'exercice du travail. Le groupe était devenu une équipe homogène, avec ses propres objectifs, sa propre solidarité, et la satisfaction tirée du travail provenait de la forme sociale du groupe dans lequel la participation, la coopération, la discussion étaient privilégiées.

La poursuite de l'étude montra que tous les comportements individuels, toutes les relations entre les membres du groupe dépendaient de la structure sociale de ce dernier qui adoptait ses propres règles de comportement (notamment, une capacité à limiter sa production volontairement malgré l'existence de primes). Le caractère informel du groupe, non prévu par l'organisation formelle, explique très bien son attitude.

La découverte la plus importante de E. Mayo est d'avoir identifié les fondements non économiques de la satisfaction au travail et de les avoir reliés plus à l'intérêt que peuvent prendre les employés dans la réalisation de performances qu'à une motivation due à la perspective de récompense pécuniaire. L'importance vitale de la communication-discussion entre employés et chef est notée dans ses travaux. Elle se retrouve dans ceux aussi divers de Herzberg, Maslow, ou plus récemment Peter et Watermann.

E. Mayo constate : « *Les employés sont gouvernés par la logique du sentiment alors que la direction est motivée par la logique des coûts et de l'efficacité. À défaut de compromis ou de compréhension mutuelle entre ces deux logiques, le conflit est inévitable. Le désir d'être bien avec ses collègues de travail, ce qu'on appelle l'instinct humain d'association, l'emporte facilement sur le simple intérêt individuel et la logique des raisonnements sur lesquels tant de faux principes de direction sont fondés.* »[1] Ces conclusions furent critiquées dans les années 1950 au motif qu'elles ne s'intéressaient qu'aux niveaux subalternes de la structure et qu'elles laissaient supposer qu'il existait une formule toute faite pour avoir de bonnes relations de travail. Dans le même temps, d'autres enquêtes montrèrent qu'il n'y avait pas de relation directe entre la productivité et le moral du groupe ou la satisfaction au travail.

Dans ses derniers écrits, E. Mayo essaya de tirer des leçons sociologiques, voire politiques, de ses expériences. Il entreprit de critiquer le système capitaliste et la théorie économique classique.

---

1. E. Mayo, *The social problem of an industrial civilisation*, Routledge, 1949.

L'industrialisation capitaliste entraîne un accroissement du nombre des individus non heureux et une hostilité entre groupes sociaux : les biens matériels détruisent une partie de la signification de l'existence et font disparaître beaucoup de normes sociales[1].

Avec son *homo economicus* inorganisé, égoïste et rationnel, la théorie classique appelle inévitablement à souhaiter un État absolu qui impose l'ordre à tous. En effet, les partis politiques, tout comme les syndicats, ne permettent pas d'assimiler le progrès technique et matériel. Seule la société tout entière peut le faire car elle sait développer les aptitudes sociales des hommes, c'est-à-dire leurs capacités de changer, de s'adapter, de communiquer leurs idées et leurs sentiments. C'est d'ailleurs là le fondement de la démocratie.

David Ricardo (1772 - 1823)

« Il n'y a pas d'autre critère pour déterminer si une chose est chère ou bon marché que le sacrifice du travail effectué pour l'obtenir. »

---

1. Durkheim avait déjà souligné ce risque d'anomie.

Né à Londres, fils d'un agent de change juif portugais immigré, il fut chassé de sa famille à la suite de son mariage. Il gagna alors sa vie, à son tour, comme agent de change à la City. On raconte que sa fortune vient d'un coup de Bourse réalisé à la veille de la bataille de Waterloo, pour laquelle il avait parié sur la défaite française.

Cette aisance lui permet de s'adonner à des études d'économie politique et de publier quelques ouvrages retentissants dont *Principes de l'économie politique et de l'impôt* en 1817. Dans la troisième édition de cet ouvrage, il lance le débat sur les conséquences de la mécanisation de la production qui lui paraît favorable aux capitalistes mais très préjudiciables aux salariés, du moins dans un premier temps : la producti-vité et les profits augmentent tant que la concurrence n'utilise pas les mêmes machines. Peu à peu, les prix des marchandises s'alignent à la baisse de sorte que les ouvriers peuvent en profiter à leur tour.

Malheureusement, la mise en place et la production des machines mobilisent des fonds qui risquent de ne plus être disponibles pour rémunérer le travail. Il faut donc chercher, par l'organisation, à rétablir un équilibre capital-travail sachant que la valeur de chaque espèce de produit reste fixée par le marché et que c'est la quantité de travail incorporée dans un objet, avec emploi ou non des machines, qui conditionne sa valeur relative.

Herbert Simon (1916-2001)

« L'individu est limité par sa compétence, ses habitudes et ses réflexes qui n'appartiennent plus au domaine du conscient. »

et James March (1928-)

« L'impressionnante intégration des organisations ne doit pas masquer les nombreux domaines où les organisations manquent de coordination… Et cette situation est inévitable, les défauts de coordination, d'attention et de contrôle sont inhérents à l'application de la rationalité dans l'action des organisations. »

Simon (prix Nobel en 1978), puis, à sa suite, Mach et Cyert, économistes, psychologues, se sont efforcés de démontrer qu'il n'existait que des rationalités limitées. Les techniques modernes de décision ne devraient pas remettre en cause cette nécessité de la hiérarchie – horizontale et verticale – pour comprendre la complexité de la réalité. Cyert et March proposent des voies de solutions comme :

– la résolution des conflits dans une rationalité locale, et par une approche séquentielle des problèmes ;
– un ajustement au jour le jour, sans anticipation ;
– le développement de l'apprentissage et le rôle du temps.

On pourrait reprocher à ces concepts une certaine insuffisante des interrelations à l'intérieur des entreprises (approche systémique).

Nous ne saurions clore ce court tour d'horizon de quelques sociologies sans souligner le rôle spécifique, en particulier ces dernières années, d'Amitaï Etzioni, avec son ouvrage majeur *The new golden rule, community and morality in a democratic society*. Disciple de Weber, il est un des influents fondateurs de l'École structuraliste. De façon caricaturale, c'est la démonstration de la prédominance des structures sur les comportements : ceux-ci, qui génèrent les résultats, sont induits par les structures.

Mais ce sont ses travaux sur le « *communitarianism* », mal traduit car de façon péjorative en français par communautarisme, qui ont sans doute le plus marqué ses dernières années.

La communauté-antidote du « *Me Decade* », décennie du « moi-c'est » le village, (clarifier sens) mais aussi les avocats, les médecins, les homosexuels, les religieux, représente la troisième voie entre le marché et l'État. *The spirit of community* permet de s'attaquer aux problèmes de société en responsabilisant… par la responsabilisation (éducation des enfants, dégâts causés, convivialité). Il n'est pas exagéré de dire qu'il a influencé, il y a quelques années, les responsables politiques comme le président Clinton, le chancelier Kohl ou le Premier ministre Tony Blair.

Alfred Pritchard Sloan (1875-1966)

« Si vous faites le bien 51 % de votre temps, vous finirez en héros. »

Acteur principal d'une *success story* reconnue[1], A. Sloan a passé quarante-cinq ans de sa vie chez General Motors (directeur général de 1923 à 1946, président de 1946 à 1956). *Bachelor of science* en électricité du Massachusetts Institute of Technology, il est le type même de dirigeant professionnel (par opposition au dirigeant

---

1. Sous son management, General Motors est devenue une des deux plus grandes entreprises mondiales réalisant en 1976 un chiffre d'affaires de 217 milliards de $ et un bénéfice de 13 en employant 750 000 personnes.

propriétaire[1]) développant une approche inductive.

Avec D. Brown, il met en place l'organisation et les méthodes de direction, invente la « décentralisation coordonnée » qui aura une importance considérable sur l'organisation de General Motors[2]. À la différence du créateur de GM (W. Durant), qui a développé un grand nombre d'entreprises et s'appuyait sur des idées très personnelles comparables à celles de Ford (La Ford T, les programmes, la rigidité) sans disposer d'une grande vision organisationnelle, Sloan était tout le contraire d'un administrateur bureaucratique (au sens de M. Weber) et succéda à un chef charismatique (en train d'échouer).

Il débuta sa vie professionnelle avec un salaire de 50 $ par mois en 1895 comme homme à tout faire chez HYATT, entreprise de vingt-cinq salariés fabriquant des roulements à billes. Avec son père, il racheta cette entreprise pour 5 000 $ pour gagner 60 000 $ par an en 1900. En 1921, il revendit HYATT à Durant pour 1 milliard 350 millions de $, General Motors ayant selon lui à l'époque *« une gestion de compères où les divisions opéraient comme à la foire*

---

1. A. Sloan n'a jamais détenu plus de 1 % du capital de GM, ce qui, malgré tout, n'est pas si mal !
2. Lire Chandler, *Strategy and structure*, MIT Press, 1962.

d'empoigne ». En 1921, GM n'était pas une grande entreprise. Elle ne représentait que 12 % de la production mondiale contre 50 % à Ford.

L'histoire de GM présente une alternance de décentralisations et de centralisations avec des divisions – correspondant aux marques Chevrolet, Oldsmobile, Oakland ou Pontiac, Buick, Cadillac[1]. Sloan jeta, dès 1919, les principes de l'organisation future de GM. Il raconte dans son livre[2] comment, par étapes et essais contradictoires, il réussit à appliquer ses principes de décentralisation contrôlée. Dans un premier temps, il renforce le contrôle central par la création du comité central d'achats (dans lequel toutes les divisions sont représentées) puis centralise la gestion des fonds de trésorerie (aucune procédure n'existait, ni entre les unités, ni au niveau central). Les effets de ces décisions furent rapidement bénéfiques. D'autres centralisations suivirent à partir de 1923 : publicité, engineering, design.

---

1. Chaque division avait ses usines, ses services et était consacrée à un marché : la division Cadillac pour les voitures les plus ostentatoires et les plus coûteuses, Buick pour les plus classiques mais encore pour des clients aisés, Pontiac et Chevrolet, avec des voitures de moindre cylindrées pour des clients aux revenus plus modestes.
2. A. Sloan, *My years with General Motors,* Sloan, 1963.

Néanmoins, GM connut des crises qui montrèrent la nécessité de conserver une certaine décentralisation. Ainsi, le laboratoire central d'études avait développé un moteur en cuivre refroidi par air et voulait l'imposer aux divisions Chevrolet et Oldsmobile qui estimaient qu'il n'était pas au point. Dans son souci de décentralisation, Sloan soutint les divisions, le moteur se révélant inutilisable. Sloan maintint le laboratoire mais le dota d'un comité technique.

Les principes de gestion de Sloan étaient :

- *la coordination* par des comités auxquels participaient tous les services, même ceux sans responsabilité directe ;
- *l'uniformisation des méthodes de gestion* avec centralisation des décisions financières, de la comptabilité et de la trésorerie ;
- *l'uniformisation des méthodes de prévision de la demande* (suivi des concessionnaires et des immatriculations de voitures neuves) ;
- *l'uniformisation des méthodes de calcul des prix de revient* (standards) et des budgets ;
- *l'uniformisation des méthodes de calcul de rentabilité* des investissements.

Malgré (ou à cause de) la crise de 1929, Sloan tint toujours à distinguer ce qui relevait de la gestion, et était du ressort de la direction générale, de ce qui relevait de l'opérationnel, et était de la responsabilité des divisions. GM devint ainsi une entreprise réellement décentralisée dont les services centraux ne représentaient plus qu'un coût de 1 %. Très autonomes, les divisions créent de nouveaux modèles mais elles doivent prendre leurs décisions en respectant la ligne générale de la politique de l'entreprise et obtenir l'accord de la direction générale pour tout changement de politique.

Sloan a toujours pensé que seule la décentralisation développe l'initiative, la responsabilité et la flexibilité. Il insistait fortement sur sa conception de la coordination, l'idée étant :

— « vendre » des idées plutôt que faire appliquer des ordres, chaque division devant vendre son idée au *management control* (c'est-à-dire prouver qu'elle est rentable) ;
— créer des comités composés de différents représentants pour donner des avis au président sur toutes les questions importantes ;
— mettre en place un comité exécutif pour discuter de toutes les grandes idées.

Parallèlement, on assista à des développements exemplaires :

— la généralisation de la pratique des budgets ;

- la mise en place de standards ;
- la rapidité de recensement des résultats réels (grâce à l'informatique adoptée très rapidement) ;
- l'instauration systématique de centres de profit.

Adam Smith (1723-1790)

« La main invisible…, ce principe qui est la source primitive de l'opulence publique et nationale, aussi bien que de l'opulence privée, a souvent assez de puissance pour maintenir, en dépit des folies du gouvernement et de toutes les erreurs de l'administration, le progrès naturel des choses vers une meilleure condition. »

Cet Écossais, philosophe et économiste – son premier livre, *Théorie des sentiments moraux*, publié en 1759 fut considéré par lui comme son ouvrage principal, est d'abord considéré comme le père de l'économie politique, grâce à son célèbre ouvrage publié en 1776 *Richesse des nations*, consacré pour l'essentiel à l'étude de l'organisation de l'activité économique. Initiateur de l'École classique, il prône la liberté du commerce et de l'entreprise comme étant à l'origine de la richesse, comme si une « main invisible » permettait à partir de l'intérêt personnel de maximiser l'intérêt général. Ce libéralisme fait simplement confiance au rôle régulateur des mécanismes du marché et de la concurrence. Mais plus particulièrement en termes d'organisation des entreprises, Adam Smith pose clairement, comme fondement de la productivité, la division du travail, séparant les divers emplois ou métiers.

Cette surproduction entraîne un échange plus grand, nécessitant en transition l'accumulation du capital, c'est-à-dire de l'épargne. Ceci conduit *« le progrès mutuel des choses vers une meilleure condition »*. Adam Smith et certains de ses contemporains poseront ainsi un siècle plus tôt les bases de ce qui allait devenir l'organisation industrielle.

Alexei Stakhanov (1906-1971)

« Staline, 17 novembre 1933 : quand on a de la joie à vivre, le travail va bon train... Avec Stakhanov, nous possédons une technique nouvelle... Les dirigeants, ingénieurs, techniciens feraient bien de réorganiser leur travail pour de bon, sur un mode nouveau, scientifiquement, stakhanoviste. »

On ne peut clore ce survol de quelques figures importantes des théoriciens de la Révolution industrielle sans faire référence à ce presque oublié de l'Histoire, l'inventeur du système soviétique organisationnel auquel il a donné son nom : le stakhanovisme, largement inspiré des pratiques américaines. Méthode au rendement, privilégiant la dimension quantitative, favorisant une classe d'ouvriers d'élite, elle se heurta à de nombreux dirigeants syndicaux qui furent éliminés pendant des purges de 1936 à 1938.

Frederick Winslov Taylor (1856-1915)

« L'avancement, les salaires élevés et parfois la réduction des horaires de travail sont de légitimes ambitions d'un ouvrier ; mais toute manœuvre qui a pour but de limiter la production doit être regardée comme un moyen tendant, à la longue, à abaisser les salaires. »

S'il est exagéré de voir en Taylor l'inventeur de l'organisation du travail (il fut précédé par divers ingénieurs ou économistes) – le travail répétitif existait avant Taylor ! – il est par contre exact qu'il s'efforça de faire de l'organisation du travail un tout cohérent et même idéologique bien résumé dans son ouvrage de 1911 *Principles of Scientific Management*[1]. Appartenant à l'église des Quakers (ceux qui tremblent devant la parole de Dieu), il affiche très tôt un goût prononcé, maniaque – certains ont dit névrotique – pour l'efficacité du travail.

---

1. À cette époque, management signifiait organisation. H. Le Chatelier fut le traducteur fidèle, en français, des textes de Taylor.

Il est d'abord connu comme un excellent ingénieur mécanicien (médaille d'or à l'Exposition universelle de Paris en 1900) mais créa rapidement le métier d'ingénieur-conseil en intervenant largement à la Bethleem Steel Works de Pittsburg (c'est dans cette entreprise qu'il réalisera sa fameuse étude sur la manutention des gueuses de fonte). Il est convaincu qu'il existe toujours une méthode meilleure que les autres (par l'étude des gestes et de la mesure des temps) pour obtenir la productivité maximum. Alors, chaque ouvrier pourra être formé pour devenir excellent dans un poste donné : c'est l'OST (Organisation scientifique du travail).

La conception est confiée à des techniciens et la réalisation à des ouvriers spécialisés. Avec une bonne motivation (rémunération d'autant plus justifiée que la richesse ainsi créée doit être partagée), on luttera contre *« la tendance de tous les hommes à la paresse et au non-intérêt des ouvriers à produire »*.

Taylor eut de très nombreux opposants (syndicats ou patronat) mais aussi de nombreux disciples qui prolongèrent sa réflexion.

Pour la petite histoire... Analysant les mouvements et les règles du base-ball américain, il critiqua leur inefficacité et proposa de profondes modifications qui furent acceptées et toujours en vigueur. Il voulut faire de même avec la raquette de tennis[1] (remplacer la raquette plate par une raquette en forme de cuillère, plus efficace). Comme le lecteur a pu s'en rendre compte, cette proposition fut rejetée.

Max Weber (1864-1920)

« Bureaucratie : le moyen le plus rationnel que l'on connaisse pour exercer un contrôle impératif sur les êtres humains. »

Difficilement classable, cet avocat allemand, titulaire d'une chaire de philosophie, à la vie personnelle agitée, est très original dans ses approches et mérite de figurer parmi les fondateurs de l'Organisation tant il en fait une description explicite. Même s'il s'oppose franchement aux principes tayloriens et de Marx.

Après avoir étudié l'éthique protestante, les religions et leur influence sur les types d'organisation, il présente trois types d'organisations fondées sur la matière dont est légitimée l'autorité :

---

1. Taylor fut un des meilleurs joueurs de tennis américains de son temps.

- *l'organisation charismatique* fondée sur les qualités personnelles du leader ;
- *l'organisation traditionnelle* dans laquelle l'autorité découle du statut ;
- et *l'organisation la plus rationnelle* (légale) qui revoit la forme de l'organisation bureautique (sans le moindre contenu péjoratif puisqu'il la tient pour la plus efficace qu'il soit). Parmi ses caractéristiques :
  - le personnel est libre, sur la base d'une relation contractuelle ;
  - un emploi est un système de compétences bien définies ;
  - la hiérarchie est une hiérarchie d'emplois, claire ;
  - les candidats sont recrutés par rapport à leur qualification : toujours nommés, jamais élus ;
  - l'employé n'est pas propriétaire de son poste.

On voit bien les avantages du modèle weberien, refusant le népotisme, favorisant les compétences et protégeant les salariés. À vrai dire, si la bureaucratie a pris progressivement une connotation péjorative, c'est à cause des nombreuses dérives qu'elle a connues, parfois avec des conséquences sociales désastreuses. Selon Weber, le capitalisme a joué un grand rôle dans le développement de la bureaucratie avec le calcul rationnel du gain à long terme.

Enfin, il établit un lien entre religion et organisation : la bureaucratie pour être efficace doit s'appuyer sur une attitude morale particulière. C'est la religion protestante qui la provoque le mieux, avec sa croyance en une rédemption fondée sur une activité créative sur terre.

Joan Woodward (1916-1971)

« La technologie de la production constitue la contingence la plus importante. »

Considérée comme une des chefs de file de la sociologie industrielle britannique, Joan Woodward a attaché son nom à l'étude des relations existant entre l'organisation de l'entreprise, les systèmes de production et les technologies employées.

Paru en 1965, son ouvrage principal *Industrial Organization. Theory and Practice*, tend à démontrer, à partir de l'examen de 100 firmes industrielles, qu'il n'y a pas de corrélation directe entre les pratiques de direction et l'efficacité de l'entreprise. Autrement dit, il n'y a pas de principes uniques de direction valables pour tous les systèmes de production : ce sont les différences de technologies utilisées qui conditionnent les différents types d'organisation.

Dans cette perspective, elle propose une typologie originale des types d'organisation. (soit résumer la typologie, soit supprimer la phrase)

PARTIE III

La pratique avec les méthodes et les outils

Avertissement. *Les différentes méthodes et outils d'organisation décrits dans cette partie ont été progressivement mis au point dans les entreprises. Si certains trouvent bien évidemment leur origine dans les travaux des cabinets de conseil spécialisés, la majorité d'entre eux s'appuient sur des concepts ou des options managériales qui s'inscrivent clairement dans tel ou tel courant de pensée, telle ou telle école.*

Chapitre 1

L'Étude des temps et des mouvements

Les principes

Le principe fondamental – et les méthodes correspondantes – est de lier productivité et étude des mouvements des ouvriers. L'étude des mouvements, des gestes, par des techniciens regroupés par fonction (bureau des méthodes, d'ordonnancement, d'études, de rémunération, d'entretien) va permettre de définir les tâches élémentaires les plus simples possibles (demandant pour les opérateurs peu d'apprentissage). Chaque tâche ou ensemble de tâches donne naissance à l'unité élémentaire de transformation qu'est le poste, poste qui sera occupé par un opérateur.

L'outil de mesure qui va permettre de simplifier, spécialiser, analyser le processus est le chronomètre. L'addition des gestes élémentaires va définir le poste, c'est-à-dire la production et ramener au temps passé la productivité ; et par voie de conséquence, les bases du salaire et de la rémunération (salaire + prime).

La quantification des mouvements fait l'objet de tables de référence qui servait et sert encore à définir des standards (utiles soit pour la création – la définition – des postes, soit pour la description ou l'analyse de postes existants). Ayant défini le temps qu'il faut pour exécuter un geste élémentaire (déplacer, soulever), on peut se contenter de quantifier le type et le nombre de gestes et de leur donner hors site un temps correspondant. Les méthodes « MTM » (*Methods Time Movement* ou tables de temps prédéterminé) sont fondées sur ce principe, moins traumatisant pour l'ouvrier.

Adam Smith[1] insiste sur le concept de spécialisation parcellisation des tâches. Il reprend, pour appuyer son argumentation, l'organisation d'une usine fabriquant des épingles. La décomposition du processus de production en dix-huit opérations élémentaires, réalisées par dix-huit

---

1. Dans son ouvrage *Recherche sur la nature et les causes de la richesse des nations*, 1776.

ouvriers différents (dix-huit postes) entraîne un accroissement considérable de productivité par rapport à celle d'un ouvrier faisant lui-même la totalité de la fabrication de l'épingle.

Le salaire et la rémunération

Dans un premier temps (OST), le salaire est fonction de la quantité produite et de la complexité des tâches (salaire au rendement ou *Piece Rate Pay System*).

Le développement du travail à la chaîne, amplement imaginé et développé par Ford, va infléchir fortement les liens gestes/temps/rémunération ; l'ouvrier n'est plus maître de sa production, c'est la vitesse de la chaîne qui la détermine. Ce dernier sera donc payé au temps passé. Tout ceci est admirablement caricaturé dans des films comme *Les temps modernes* de Charlie Chaplin, voire *À nous la liberté* de René Clair. Quel que soit le process utilisé, l'OST… ou le stakhanovisme s'efforceront toujours de promouvoir un système de bonus pour performances élevées.

Planification, diagrammes, graphiques, organigrammes

Les outils d'une bonne préparation du travail ont été particulièrement développés par Gantt, d'où un certain nombre de graphiques et de diagrammes qui portent son nom.

Organigramme (organisation fonctionnelle)

Les organisateurs de la Révolution industrielle ont éprouvé très tôt la nécessité de représenter la structure et l'organisation de l'entreprise à l'aide d'organigrammes. L'organigramme taylorien est très bureaucratique dans la mesure où les tâches, les postes étant parfaitement définis, une structure hiérarchique n'est pas nécessaire. Chaque technicien est responsable pour la partie qui le concerne du bon fonctionnement du poste.

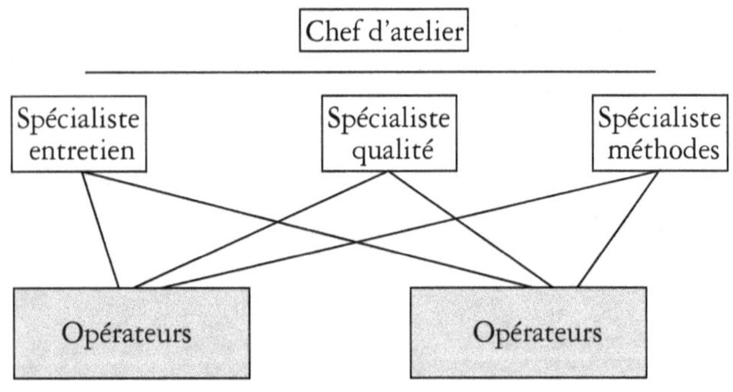

Exemple d'organigramme selon Taylor

160

Dans une telle méthode, l'absence directe de rattachement a été perçue, en particulier en Europe, comme un grave inconvénient et a empêché le développement de ce type d'organigramme.

A contrario, l'organigramme fonctionnel, directement issu des travaux de Fayol, concilie hiérarchie et spécialisation des tâches. De ce fait, il a été le modèle fondateur de la firme industrielle et reste encore celui qui est le plus utilisé dans les administrations, les PME et souvent dans les industries à forte intensité capitalistique (les secteurs de la grande transformation).

Chapitre 2

La description de poste

Partant d'une préoccupation relativement étroite, le concept de description de poste (*job description*) s'est progressivement enrichi pour recouvrir plusieurs types d'approches en fonction des objectifs poursuivis par le manager.

La description de poste (DP) reste non seulement le principal outil de gestion des ressources humaines mais demeure également une méthode privilégiée de l'étude et de l'amélioration de l'organisation. Issue de la théorie classique, elle a bien survécu à la remise en cause de cette théorie et à la correction de ses excès.

Définition

Un poste est une position donnée, à un moment donné, dans l'organisation de l'entreprise. Il correspond à un ensemble d'activités délimitées par la division du travail propre à l'organisation adoptée : c'est une unité élémentaire de transformation. Un poste peut recouvrir plusieurs fonctions, au sens donné par Fayol à ce terme.

Les objectifs. La problématique. Les enjeux

Dans la perspective volontariste classique, chaque poste occupe une position dans l'organisation afin d'apporter une contribution au résultat final de l'entreprise tel que prévu dans la stratégie de celle-ci.

La description de poste a, parmi ses objectifs, de permettre à chaque titulaire de vérifier, avec son supérieur hiérarchique, l'identité de vues sur la nature et l'étendue des responsabilités qui lui sont confiées dans les domaines de résultats attendus et de fixer ainsi les objectifs à atteindre.

La confrontation des descriptions de poste permet ensuite de vérifier la cohérence de la répartition des responsabilités dans la firme et de voir si elle permet d'atteindre les objectifs assignés. De ce point de vue, elle peut être considérée comme un contrat de management.

Dans cette perspective, on adoptera un contenu de la description de poste différent de celui le plus habituel décrit ci-après.

<table>
<tr><td>

FONCTION PRINCIPALE
Synthétise la mission générale du poste et le résultat global qu'il poursuit. On y trouve : le cadre de l'activité, la ou les raisons d'être du poste et le résultat global attendu.

</td></tr>
<tr><td>

DIMENSION DU POSTE

</td></tr>
<tr><td>

POSITION DU POSTE DANS L'ORGANISATION

</td></tr>
<tr><td>

RÉSULTATS ATTENDUS
Ils ont un caractère permanent et doivent concerner au moins quatre grands domaines :
- la satisfaction des clients internes et/ou externes pour lesquels le poste travaille ;
- les flux financiers sur lesquels le poste a une action (chiffre d'affaires comme budget géré) ;
- les moyens mis à la disposition du poste ;
- le management des hommes.

</td></tr>
<tr><td>

LES FACTEURS CLÉS DE SUCCÈS
Ce sont les divers éléments à caractère déterminant, en relation avec les orientations stratégiques de l'entreprise, qui ont une influence directe sur le résultat à atteindre.

</td></tr>
<tr><td>

LES TÂCHES CLÉS
Ce sont les missions spécifiques du poste, en termes d'activité, qui contribuent à la maîtrise d'un facteur clé de succès. Il peut s'agir de tâches propres effectuées par le titulaire ou par son unité ou service et être :
- techniques, liées au métier du poste ;
- spécifiques (missions particulières, relations publiques, proposition de méthodes ou procédures) ;
- de management des équipes ;
- commerciales.

</td></tr>
</table>

Plus largement, véritable photographie instantanée du poste, la description de poste cherche à donner une vision globale de sa logique et de sa dynamique afin d'en permettre la compréhension. Dans cette perspective, elle s'efforce de répondre à de nombreuses questions parmi lesquelles on peut citer :

– *pourquoi le poste existe-t-il ?* Quelle est sa vocation ? Quelle contribution apporte-t-il à l'organisation et quels résultats doit-il atteindre ?

– pour atteindre ces résultats, *quels types de problèmes doit-il identifier et résoudre ?*

– *dans quel cadre agit-il ?* Quelle est sa place dans l'organisation ? Quelles liaisons internes et externes doit-il prendre ? Quelle est son autonomie de décision et d'engagement de ressources ?

– *de quels moyens d'action dispose-t-il ?* Quelle organisation subordonnée, quels moyens techniques et financiers a-t-il ? Quel rôle joue-t-il dans la définition et l'évolution de ces moyens ?

Cette problématique montre comment la description de poste constitue un outil de connaissance, d'analyse, de communication et de dialogue dont l'importance en matière d'organisation est soulignée. Comme on le comprend, elle revêt un certain caractère contractuel puisqu'elle constitue une sorte de charte entre l'organisation et le titulaire du poste. Elle permet en effet :

– au titulaire du poste et à son supérieur hiérarchique d'avoir une vision claire et commune des responsabilités et des attributions du poste ;
– d'analyser le fonctionnement de la structure ;
– de connaître les exigences du poste et, ainsi, de favoriser l'adéquation homme/poste en termes de formation ou de recrutement ;
– de procéder à l'évaluation (pesée) des postes nécessaires à l'élaboration de leur classification.

L'interrelation des responsabilités

L'examen des interrelations des responsabilités (ou des résultats attendus) permet d'effectuer une observation de l'existant, de porter un diagnostic sur la pertinence de l'organisation et de proposer des améliorations.

En visualisation la répartition des responsabilités à un niveau donné de la structure, on peut répondre à plusieurs questions :

– existe-t-il des superpositions de responsabilités ?

– existe-t-il des résultats attendus non pris en charge ?

– quel est le niveau de dispersion des responsabilités ?

– la répartition des responsabilités permet-elle d'atteindre les objectifs du service ?

Le schéma méthodologique est le suivant :

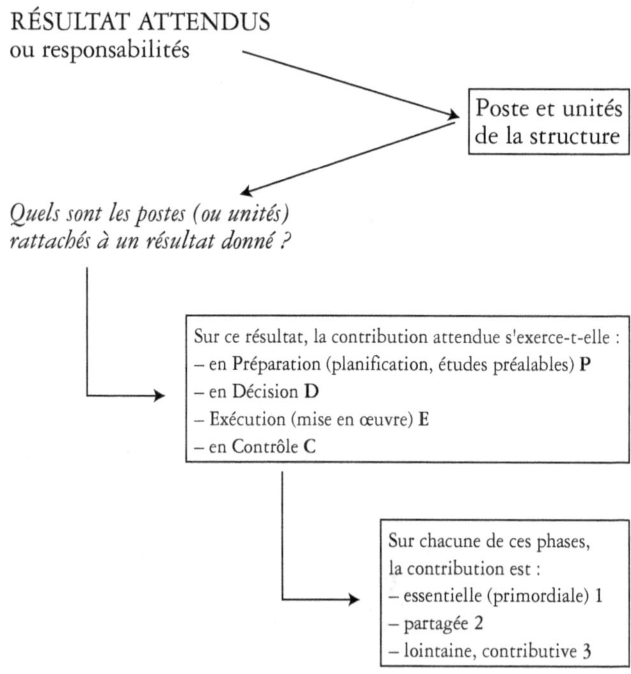

Exemple de matrice d'interrelations

POSTES RÉSULTATS	Responsable d'unité				Subordonné A			Subordonné B				Subordonné C				
Résultats attendus de l'unité	P	D	E	C	D	E	C	P	D	E	C	P	D	E	C	P
1. Développement du CA et des parts de marché		1					1	2		2		2		2		2
2. Maintien et développement du potentiel humain		1		1			1	3		3		3		3		
3. Pérennité et cohérence de la gamme de produits		1		1				3				3				1
...																

Impacts des titulaires sur les résultats

Chapitre 3

L'empowerment
(la professionnalisation)

Dans une organisation en processus, l'exigence de satisfaction du client implique que le salarié soit aussi polyvalent que possible. Il peut être amené à renseigner, conseiller, faire des diagnostics, orienter le client, proposer des solutions, calculer des prix, voire négocier. Ce qui est valable pour un client externe peut l'être pour un client interne.

Cet élargissement des responsabilités et des compétences qui correspond à une nouvelle définition des activités du poste de travail débouche sur :

— un système de rémunération intégrant une part variable liée à la performance ;

– un rôle particulier de la hiérarchie et le management des compétences ;
– la gestion du processus.

Les équipes d'opérateurs qui font vivre le processus doivent être animées par des entraîneurs (*coaches*) facilitateurs dont la mission essentielle est de veiller à la motivation et aux compétences des membres de l'équipe. Il leur appartient donc :

– d'évaluer les besoins en compétences ;
– de fournir ces compétences (développement de programmes de formation, recrutement, …) ;
– de participer à l'affectation des salariés ;
– de guider et conseiller les salariés dans leur propre développement et les aider à progresser ;
– de résoudre les problèmes rencontrés.

Tout le concept de l'École néoclassique repose sur cette décentralisation coordonnée et les outils correspondants, à commencer par la direction par objectifs et sa somme : le budget prévisionnel. Les systèmes de contrôle internes (contrôle de gestion) et externes (audits) sont là pour donner sécurité à l'ensemble.

Chapitre 4

La gestion des compétences

Le succès actuel de la gestion des compétences – ou de gestion par les compétences – peut s'expliquer par le fait que ces modes de gestion réconcilient tout ou partie des propositions de plusieurs écoles d'organisation.

À l'École classique, elle emprunte la conviction que la productivité est affaire de formation (*training*) des salariés dûment sélectionnés (donc évalués en fonction de leurs aptitudes).

À l'École néoclassique, elle emprunte de nombreuses préconisations comme celles énoncées par P. Drucker qui fut un des premiers à consacrer une réflexion fondamentale et pratique à la gestion de cette ressource clé de l'entreprise que constituent les compétences dont elle dispose : « *L'avènement d'une société dans laquelle un nombre croissant d'entreprises devaient se rendre à l'évidence que leur principal actif quittait tous les soirs les locaux, obligea à une remise à plat des conceptions en matière de gestion des ressources humaines. »*[1]

Il ne s'agit plus seulement d'attirer et de conserver dans l'entreprise des collaborateurs compétents et motivés mais de leur proposer des parcours professionnels (à défaut de carrières rendues malaisées à identifier dans les structures plates), pour des individus plus attachés à leur capital intellectuel qu'à la firme elle-même.

P. Drucker montre qu'il est de plus en plus admis que le savoir-faire est le fondement de la productivité, du succès des démarches qualité et de la performance. Taylor disait la même chose en des termes différents. Dans cette perspective, chaque entreprise devient à la fois une institution d'apprentissage et une structure, une culture et un mode de gestion qui créent un contexte propre à l'épanouissement des talents dont elle est elle-même bénéficiaire.

À *l'École des relations humaines*, elle emprunte l'idée que le bon emploi des compétences déte-

---

1. C. Kennedy, 1996.

nues et le développement des individus par l'amélioration continue de leur savoir-faire constituent un facteur de motivation, donc d'efficacité dans un climat social restauré.

Avec les comportementalistes enfin, elle cherche à mettre en évidence les comportements professionnels efficaces (que certains appellent les savoir-être).

L'évolution actuelle des formes d'organisation conduit à des situations dans lesquelles le concept de poste n'a plus guère de sens, l'entreprise se présentant de plus en plus comme une combinaison, un conglomérat de compétences assemblées et mobilisées. C'est, en particulier, le cas dans de nombreuses entreprises du secteur tertiaire, dans les SSII, les *start-ups*[1] et dans les entreprises de conseil. C'est encore plus vrai dans la constitution d'équipes conduisant des projets.

L'outil d'organisation que représente la description de poste se voit ainsi complété par une méthode qui semble aussi efficace bien que s'appliquant dans un contexte différent.

---

1. Jeune entreprise, en général du secteur des technologies avancées.

Définitions

La notion de compétence pose le problème de sa définition. Au minimum, les compétences sont des capacités à effectuer un ensemble de tâches précises, observables et mesurables dans l'activité. Plus largement, la compétence professionnelle est une disposition à mobiliser, à combiner et mettre en œuvre des ressources (savoirs, savoir-faire et savoir-être). Elle n'apparaît que dans sa mise en œuvre en situation de travail à partir de laquelle elle est validable.

« Ensembles stabilisés de savoirs et de savoir-faire, de conduites types, de procédures standard, de type de raisonnement que l'on peut mettre en œuvre sans apprentissage nouveau »[1], les compétences se présentent comme la combinaison dynamique de différents éléments :

– des savoirs théoriques et/ou des connaissances ;
– des procédures et/ou de bonnes pratiques ;
– des savoir-faire ;
– de l'expérience non formalisée.

D'un point de vue méthodologique, il y a lieu de faire une différence entre :

---

1. Montmollin, 1984.

– compétence et aptitude. « *La notion d'aptitude renvoie à des différences stables entre les individus et se situe plutôt du côté de l'inné que de l'acquis. Lorsqu'il est question d'identifier les individus susceptibles de satisfaire aux exigences de postes stables, la notion d'aptitude est tout à fait adaptée. Elle perd de son intérêt lorsque la stabilité des postes est moins assurée.* »[1]

– compétence et qualification. La qualification se définit généralement comme une reconnaissance par l'employeur – ou par la revendication du salarié – de toutes les qualités mises en œuvre dans le travail qui sont nécessaires à la production comme l'expérience, l'initiative, etc. « *Elle est traitée comme un rapport social, l'expression d'un rapport de force entre des groupes de salariés, des partenaires sociaux, et des employeurs sur la définition, suite à négociation, de qualités valorisables par un individu dans un poste de travail, dans un processus de production donné.* »[2]

Il existe cinq types de compétences caractéristiques :

1. La motivation.

2. Le caractère.

---

1. Amadieu et Cadin, 1996.
2. Courpasson et Livian, 1990.

177

3. L'image que l'on a de soi.

4. Les connaissances, le savoir.

5. Le savoir-faire.

Selon Lyle M. Spencer et Signe M. Spencer [1], il est de plus en plus difficile de développer les compétences en remontant de la compétence 5 à la compétence 1. Il est préférable d'embaucher quelqu'un qui possède déjà les compétences 1, 2 et 3, puis de lui apprendre les compétences 4 et 5, que l'inverse.

On en déduira un système de rémunération modulé en fonction des compétences détenues et des résultats du salarié [2]. L'identification des compétences détenues par un individu étant prédictive de ses performances, cette approche est utilisée de préférence pour le recrutement et la sélection de cadres supérieurs ou dirigeants et la gestion des carrières :

– *l'approche par les connaissances professionnelles.* Les compétences sont beaucoup plus définies par leur contenu en termes de savoir. Cette approche permet de rapprocher les diplômes

---

1. L. M. Spencer et S. M. Spencer, *Competence at work*, John Wiley et Sons, New York, 1993.
2. Spencer et Spencer proposent d'aller de 0,52 R à 1,48 R, R étant le salaire moyen attaché au poste.

souhaités dans les référentiels d'emploi, notamment dans la fonction publique ;

– *l'approche par les savoir-faire opérationnels* qui sera développée ci-après ;

– *l'approche par les démarches intellectuelles.* Les compétences sont des capacités à résoudre des problèmes dans le contexte d'une organisation donnée.

Les principaux outils utilisés

– Le *modèle de compétences* qui décrit les compétences requises pour chaque emploi (ou chaque poste de l'organisation). L'exemple (extrait) d'emploi type ci-après montre quel lien direct, à un moment donné, avec l'organisation peut avoir la définition des emplois (ou poste).

– Le *dictionnaire des compétences* (voir exemple plus loin) qui décrit l'ensemble des compétences requises par les emplois (ou les postes) de l'entreprise dans le cadre de son organisation actuelle. Les compétences y sont répertoriées compétence par compétence.

– Le *référentiel des compétences* qui décrit l'ensemble des compétences requises par les emplois (ou les postes) de l'entreprise selon un classement par emploi (ou par poste).

Chapitre 5

Le management et organisation par projet

La conduite de projet constitue une discipline spécifique comme le prouve la création de la norme ISO 10 006. Le management par projet correspond à une situation dans laquelle l'entreprise est considérée comme un portefeuille de projets. Il repose sur :

– une culture ;

– une organisation ;

– un système d'information.

L'organisation par projets répond à des conditions particulières. En effet, la structure hiérarchique, focalisée sur des activités fondées sur l'emploi de technologie connue et une coordination classique, est adaptée à un environnement stable. Dans les autres situations —

environnement produits/marchés instable, coordination complexe, emploi de technologies multiples – dans lesquelles l'entreprise donne priorité aux résultats, l'organisation par projet est de nature à optimiser l'efficacité.

On peut distinguer plusieurs types d'organisation :

- *les projets par fonction ou métier*. Le chef de projet est un facilitateur-administrateur attaché à la dimension logistique et à la communication au sein de l'équipe de projet ;
- *les projets autonomes* avec une structure *ad hoc* et une équipe composée de personnels détachés de leurs services ;
- *l'organisation matricielle*. À la clarté des objectifs et la facilité offerte aux communications verticales et horizontales répond la difficulté résultant de la dualité du commandement ;
- *le management par projet* qui s'est généralisé chez les constructeurs automobiles qui se sont spécialisés dans la conception, le développement et la commercialisation des modèles, confiant la fabrication à leurs fournisseurs.

Après avoir réduit le nombre de membres du conseil d'administration de Nissan de 37 à 10, Carlos Ghosn a mis en place neuf équipes transversales ou CFT (*Cross Function Team*) déjà expérimentées chez Michelin (au Brésil et aux États-Unis) et chez Renault :

1. Croissance : nouveaux produits, services, marchés.

2. Achats (60 % des coûts).

3. Outil de production et logistique.

4. Recherche et Développement.

5. Commerce et marketing.

6. Services généraux.

7. Finances.

8. « Fin de vie » des produits, équipements, services.

9. Organisation et valeur ajoutée.

Chaque équipe comprend :

– deux leaders membres du comité exécutif représentant les principales fonctions concernées par le chantier attribué à l'équipe ;
– un pilote, chef de département dont la fonction est directement liée à l'objectif défini, responsable du plan de marche et de l'animation des débats ;
– dix cadres intermédiaires.

Chaque CFT s'appuie sur des cellules (de 10 membres également) chargées de travailler sur un sujet précis.

Chapitre 6

L'organisation en réseau

On constate une évolution des formes d'organisation : les organisations en réseau. Un contexte de développement des co-traitances et sous-traitances, des associations d'entreprises, des alliances, de projets complexes intégrant des formes différentes, ... Une multiplicité des formes répondant à des exigences contradictoires : l'interdépendance ou dépendance réciproque (partage de ressources, échange de produits, de services, d'informations) et la stabilité d'une relation durable formalisée ou non.

De nombreuses organisations co-existent, telles :

- la structure fonctionnelle ;
- la structure divisionnelle ;

– la structure « transactionnelle » qui peut prendre des formes différentes :

– participations croisées des conseils d'administration ;

– relations personnelles des dirigeants (anciens élèves de grandes écoles) ;

– groupements d'entreprises, notamment d'artisans ;

– districts industriels ;

– …

Exemples de tendance à la « dématérialisation » de la firme.

La firme Nike assure la seule conception de l'objet qu'elle souhaite vendre. Elle ne possède ni structure de fabrication ni structure de distribution. Son marketing est réalisé par un cabinet indépendant.

Tel géant américain du textile et de l'alimentaire vend 9 de ses 13 usines pour ne se concentrer que sur la distribution.

Il y a donc une désagrégation des structures classiques. On constate :

– que les différentes fonctions, au sens de Fayol, sont éclatées dans des organisations indépendantes ;

- un développement de la responsabilité de coordination (courtage) pour rendre l'ensemble cohérent ;
- une relative transparence des informations sur les règles de fonctionnement internes, les contributions et les bénéfices réciproques (approche client-fournisseur) ;
- des mécanismes de marché plutôt que des plans coercitifs pour mettre en œuvre la stratégie.

Cela crée divers problèmes :

- l'inégalité des partenaires peut faire douter de la relation de confiance et du partage d'objectifs qui sont le fondement du réseau ;
- les obligations réciproques, notamment les échanges d'informations, sont autant d'exigences que le temps rend de plus en plus pesantes ;
- les rapports entre employeurs et salariés deviennent flous en raison du risque de précarité des emplois et des menaces constantes de délocalisation.

Chaque entreprise japonaise tun peu importante est au centre d'un *keiretsu* qui réunit sa « banque principale », ses filiales, ses fournisseurs, ses clients. La structure de ces réseaux particuliers est construite à partir :

– de participations croisées au capital des uns des autres ;
– d'échanges d'informations et de personnels ;
– de ventes liées.

Leur objectif est de tenir les concurrents et les prédateurs éventuels à l'écart.

Chapitre 7

Le Reengineering

C'est une méthode de rupture – dont l'expérience montre qu'elle peut se traduire par des gains importants – une re-conception de l'entreprise considérée non plus comme une structure par fonctions (le modèle de Fayol), par métiers, régions ou marchés mais comme un ensemble de *processus* essentiellement orientés vers la satisfaction du client (ou la *création de valeur* pour ce dernier). Le reengineering se présente comme une alternative aux « restructurations » et à l'externalisation (*out sourcing*). La restructuration correspond souvent à un *downsizing*, la plupart du temps conçu pour réduire les coûts, notamment de personnel, mais aussi également pour réduire les activités ou les actifs. Plus rarement, il a pour but de réduire les délais et d'améliorer la qualité.

L'organisation par métier ou par fonction ne permet pas d'apprécier la contribution de chacun à la performance globale pas plus qu'à la création de valeur pour le client. Il y a lieu de distinguer :

- les processus opérationnels orientés vers le client final (externe) ;
- les processus de support orientés vers le client interne.

La *valeur pour le client* est à la fois :

- la qualité du produit ou service perçue par rapport à la concurrence qui aboutit à la satisfaction indépendamment du prix en intégrant toutes les caractéristiques de la qualité (le produit ou le service en soi et le « service client ») ;
- le rapport qualité/prix par rapport à la concurrence.

À côté de cette valeur pour le client, existent aussi la valeur pour le personnel de l'entreprise – souvent fondée sur le partage des gains de productivité – la valeur pour les fournisseurs et la valeur pour l'environnement.

L'équipe de processus

Elle est constituée de trois principales personnes :

- le *responsable du processus (process owner)* qui définit le travail des opérateurs et ses objectifs :
    - conception du processus pour fournir la meilleure valeur-client ;
    - coordination et, éventuellement, *coaching* ;
    - représentation du processus au sein de la firme.
- le « *coach* », entraîneur ou « *enabler* »[1] qui évalue, guide, forme et recrute si besoin. Il peut aussi jouer le rôle d'expert.
- le *client*.

Les unités élémentaires de travail chez Renault

L'UET correspond à une équipe d'une vingtaine de personnes à la production, de 8 à 12 personnes dans les services fonctionnels. Elle est animée par un responsable avec le cahier des charges suivant :

1. Missions, formalisation du processus.

2. Connaissance des clients et fournisseurs, de leurs attentes et contractualisation des relations.

---

1. Signifie : qui rend capable de faire.

3. Mise en place d'indicateurs de progrès, affichage et mise à jour.

4. Développement d'un plan de progrès au vu de ces indicateurs.

5. Identification des coûts de l'UET.

6. Plan d'animation : réunions, entretiens individuels, plans d'action, ...

Chapitre 8

De la qualité totale
à la Méthode 6 Sigma

Progressivement, la Qualité Totale, cette façon de penser et de travailler qui s'est construite à partir de quelques principes simples, s'est imposée à une immense majorité des entreprises pour améliorer de façon significative la satisfaction des clients et la performance de ces mêmes entreprises. La certification ISO 9000… permet de servir de référence entre fournisseur et clients, passant de « l'assurance de la qualité » à « un système de management de la qualité ». Chacun des acteurs de l'entreprise connaît tout à la fois l'intérêt technique, économique, commercial de ces approches et, également, les limites voire les risques statiques de ces règles.

La fameuse « roue de DEMING », et son application le PDCA, constitue un contrôle *a posteriori (ex-post)* fort intéressant :

- *Plan* : identification des problèmes posés par le processus et recherche de solutions d'amélioration.
- *Do* : mise en œuvre de la solution.
- *Check* : test des résultats obtenus.
- *Act* : modification du processus ou étude d'une nouvelle solution.

Dans « le système de management de la qualité », les outils ou orientations de base sont :

- l'orientation client ;
- *le leadership* : l'organisation interne doit permettre aux salariés de s'impliquer dans la réalisation des objectifs de l'entreprise ;
- l'implication du personnel ;
- l'approche par les processus ;
- le management par « l'approche système » ;
- l'approche factuelle pour la prise de décision ;
- les relations bénéfiques avec les fournisseurs.

Le *Kaizen,* conception développée par Masaaki Imai en particulier chez Toyota, complète l'approche qualité par une implication permanente des salariés, par une amélioration continue à laquelle œuvre tout le personnel : il ne doit pas se passer un seul instant, un seul jour sans qu'une amélioration ne soit intervenue dans l'entreprise. Le *Kaizen* est souvent appelé l'amélioration pas à pas.

La méthodologie « Six Sigma » – marque déposée par Motorola – est une démarche volontariste et pragmatique se fixant des étapes de mesure pour garantit une qualité, en affinant les processus afin de réduire les variations par rapport aux spécifications des clients.

Jacques Welch, le célèbre PDG de General Electric, déclare « Six Sigma est la plus importante initiative que GE ait jamais prise – c'est une partie génétique de notre futur leadership ».

Dans les années 80, le DG de Motorola mobilise son entreprise dans un vaste programme d'amélioration de la qualité, fondée sur une méthodologie globale, combinaison d'outils classiques de résolution de problèmes, de recherche des causes racines et d'amélioration continue d'une part et d'outils statistiques d'autre part.

Une forte communication – en grande partie fondée sur de réels résultats – a été conduite par de nombreuses entreprises internationales, multipliant la diffusion et l'impact de cette méthode.

S'appuyant sur le concept simple des indicateurs d'une population : la moyenne ou médiane, la dispersion(caractérisée par l'écart-type : sigma), l'entreprise va engager des actions afin d'obtenir un nombre de défauts statistiquement très faibles, inférieur à cinq par millions d'individus.

La qualité est appréhendée de façon la plus globale possible : délai de livraison, coût de production, défauts, exigences du client, délai de facturation ou de recouvrement, délai de création de produit nouveau, part de marché…

Cette démarche globale s'appuie (est-ce une des raisons de son succès ?) sur l'analyse statistique relativement simple : la moyenne ou médiane et surtout le « sigma », estimateur traditionnel de la dispersion d'une population : cette varia-tion doit être diminuée jusqu'à atteindre la valeur souhaitée.

Une variance de six sigma donnera en principe un taux de pièces sans défaut de 99, 99966 % soit 3, 4 pièces défectueuses par million de pièces produites. Il appartiendra à chaque entre-prise de définir les intervalles de confiance —

USL (Upper Specifications Limit) et LSL (Lower Specifications Limit) – qu'elle souhaite.

L'objectif « six sigma », tel qu'il est défini par Motorola, s'atteint par la démarche DMAAC, soit :

– Définir les objectifs et problèmes du projet.
– Mesurer toutes les variables ou données possibles pouvant impacter le processus.
– Analyser les causes et les facteurs qui conditionnent l'atteinte de l'objectif.
– Améliorer par changement les processus ou les procédures, en fonction de l'analyse effectuée.
– Contrôler que les améliorations engagées ont bien entraîné les résultats souhaités.

À ce jour, il est incontestable – au-delà de la publicité et de l'effet médiatique – a permis à nombre d'entreprises (pour une grande part américaines et japonaises) d'obtenir des résultats spectaculaires, surtout en termes d'économie réalisée. Son démarrage en France, voire en Europe, a été plus laborieux. Cette démarche dont il y a lieu de suivre avec attention le développement apporte sans doute un côté plus dynamique et global que le – maintenant – classique management par la qualité totale.

Perspectives et conclusion

Jusqu'à ces dernières années, dans les états-majors, comme dans les *Business Schools*, l'effort portait essentiellement sur l'étude et la mise en place d'une bonne stratégie. De cette stratégie ainsi définie découlait la structure et l'organisation.

Depuis cinq à dix ans, la place de l'organisation, de la gestion des structures et des processus, des hommes ou de l'environnement n'a fait que grandir, fournissant en quelque sorte opportunités et contraintes à partir desquelles la stratégie se définit ; dans ce sens nous dirons que l'organisation est devenue stratégique.

Essayons, ensemble, de lister quelques-unes de ces pistes organisationnelles, de ces tendances qui façonnent ou façonneront en tout ou partie la firme de demain. Certains de ces aspects ont déjà été partiellement abordés.

La gouvernance, la responsabilité sociale de l'entreprise (RSE), le développement durable

La remarquable croissance mondiale actuelle – la plus forte de ces dernières décennies –, certes avec ses inégalités accrues d'un pays à l'autre ou à l'intérieur d'un même pays, rend nécessaire – voire obligatoire – ce qui hier encore pouvait passer pour un effet de mode ou de simple contestation. La responsabilité sociale de l'entreprise, le développement durable, et le système de gouvernance deviennent trois des dimensions organisationnelles que les responsables, parfois incités par les instances nationales ou internationales – conférence de Tokyo ou Kyoto par exemple – ne peuvent que prendre en compte.

La gouvernance d'entreprise *(Corporate Governance)* est une des dimensions les plus sensibles et celle qui nécessite le plus de régulation et d'adaptation. Nous avons vu par exemple comment le modèle américain de *Corporate Governance* et son contrôle ont été mis à mal par divers scandales – Enron, Worldcom, Andersen… Alain Greenspan (past président de la Banque centrale des États-Unis) déclarait : *« La falsification et la fraude détruisent le capita-*

lisme et la liberté du marché et plus largement le fondement même de notre société. »[1]

Parmi les principales causes de cette crise, on peut citer :

- un contexte de dérégulation qui a rendu la dimension financière des firmes beaucoup plus difficilement contrôlable avec des normes comptables différentes d'un pays à l'autre ;
- une dérive du rôle des conseils d'administration trop souvent réduit à celui d'une chambre d'enregistrement ;
- l'effet pervers de la distribution des stocks-options, rémunération déguisée n'apparaissant pas dans les comptes de résultats ;
- une déontologie des audits ou analystes financiers parfois mise à mal dans des conflits d'intérêts ;
- des ratios de rentabilité des fonds propres conduisant à remettre en cause les organisations au profit d'objectifs de résultats de court terme ;
- …

Ces effets pervers entraînent des réactions diverses dont l'une nous semble être la place, le

----

1. Sénat, 2002.

rôle beaucoup plus important donné à l'Organisation dans l'élaboration de la stratégie. Par exemple, la *Corporate Governance* incite maintenant plus qu'avant le management à intégrer la « valeur de l'entreprise » à commencer par son organisation et son mode de gestion. Les perspectives ou évolutions sont déjà perceptibles...

La réforme porte d'abord sur la confiance que la gouvernance doit apporter aux actionnaires (résultats attendus) ensuite sur un arbitrage permanent entre le gain immédiat (et donc un renoncement à un gain futur plus important) et un profit ultérieur supérieur (avec le renoncement d'un gain immédiat). La réforme porte également sur l'intégration du concept de client – ce que l'Organisation fait bien ressortir – qu'il s'agisse du client interne ou du client externe. Il est pratiquement démontré (exemple : étude de l'agence Watson Wyatt sur 600 entreprises européennes) qu'une bonne gestion du capital humain contribue fortement à la création de valeur. Cette prise en compte plus forte du client interne et externe, toujours grâce à une bonne organisation, est relayée non seulement par les pouvoirs publics (la loi sur les Nouvelles régulations économiques en est une illustration) mais surtout par l'opinion publique de moins en moins encline à accepter ce qu'elle perçoit comme une espèce de triple langage des dirigeants suivant les cibles auxquelles ils s'adressent : actionnaires, salariés, clients.

Dans un tel contexte, celui d'une entreprise sous-ensemble d'un vaste système – subissant et agissant sur l'environnement d'une part et d'autre part elle-même composée de sous-systèmes en interaction –, la responsabilité sociale de l'entreprise (RSE) devient pour le manager non seulement une exigence éthique mais aussi, voire surtout, un enjeu vital de la survie et du développement de la firme.

Les dérégulations, inventions ou innovations technologiques et autres globalisations changent profondément la donne entraînant son lot de ruptures, restructurations, changements rapides : autant de raisons de développer dans les diverses populations des sentiments parfois d'espoir, beaucoup plus souvent de peur. Les salariés comme les managers se voient de fait hérités de nouveaux droits… et de devoirs. L'apprentissage, la formation continue, l'accompagnement professionnel, l'employabilité, l'assistance active à la réinsertion, un ancrage local ou régional (et pas seulement une implantation d'entreprises nomades) deviendront probablement les contreparties nécessaires aux chocs et évolutions stratégiques de l'entreprise.

Le développement durable, et plus généralement la prise en compte de l'environnement, devient un des défis majeurs de l'Organisation. Ceci apporte des contraintes stratégiques nouvelles et fortes. L'entreprise – et la société – est au tout début de sa réflexion : il nous manque tellement d'indicateurs, de critères globaux, de systèmes régulateurs et de compensations qu'on peut penser que le concept même de développement durable mettra longtemps à s'imposer. Moins longtemps sans doute qu'on peut le penser car « l'économie de cueillette » qui régit notre économie, avec le développement mondial actuel va nécessiter la définition d'un nouveau type d'économie tel la production d'énergie nouvelle, la valorisation des échanges…

Flexibilité et Organisation

Dans une espèce de rétro-management, la flexibilité avec toutes ses conséquences devient le modèle privilégié d'organisation et d'efficacité de la firme ; un peu comme la riposte nécessaire à l'incertitude croissante.

Cette flexibilité touche aussi bien les produits (rapprochement d'une logique de production – faible diversité – et d'une logique commerciale

– forte diversité –), les processus (passage de machines rigides à des machines souples), le management du revenu (*yield management*) qui vise à tirer le meilleur profit des capacités disponibles (avion, train…), la gestion des ressources avec tout ce que nous voyons se développer comme la sous-traitance, l'externalisation, les alliances, la mise en réseau, l'organisation de l'emploi (CDI, CDD, travail temporaire, modalités de l'horaire, chômage partiel, polyvalence, mobilité, travail à façon, licenciements…).

Cet énorme bouleversement entraîne, au prix social parfois très élevé, une remise en cause du concept de socialisation par l'entreprise. Celle-ci ne peut et/ou ne veut plus jouer le même rôle par rapport à cette sécurité organisationnelle qui caractérisait son management. Le travailleur – appelé à retrouver les traces de ses anciens, il y a deux ou trois cents ans – devra assurer pour une part de plus en plus importante son futur professionnel (*market yourself* disent déjà les Américains).

Les travailleurs et le législateur seront conduits à accompagner, avec les employeurs, les processus visant à minimiser les effets des chocs ou ruptures. C'est dans ce contexte que se posent, un peu comme si la complexité n'était pas suffisante, l'évolution et la prospective des métiers individuels et collectifs.

En ce qui concerne les métiers individuels, nous sommes nombreux à croire de plus en plus que la gestion prévisionnelle des emplois et compétences n'est plus à même d'apporter une aide efficace sur le long terme (technologie, mutations fortes…). Les techniques de prospective, c'est-à-dire le fait d'imaginer pour le long terme les futurs possibles ou probables, reprennent toutes leur place ne serait-ce que par le biais de scénarios aidant à anticiper les choix souhaitables et incluant les formations et adaptations correspondantes.

Pour les compétences collectives, nous sentons combien les techniques encore fortement utilisées et souvent très utiles de gestion par les postes ou fonctions donnent une place de plus en plus large à la gestion de projet, au management d'équipes complémentaires où la compétence de chacun devient plus importante que le poste qu'on pourrait arbitrairement définir.

Le knowledge management – qui regroupe ces travailleurs du savoir – sera sans doute une des premières applications de ces nouvelles formes d'organisation.

Remarquons que les TIC apportent, bien au-delà d'outils performants, de nouveaux comportements et des formes de structures ou d'organisations innovantes.

Le management interculturel

Nous ne saurions clore ce « nota bene » sur l'organisation sans souligner l'importance croissante que prendra pour l'entreprise le management de cultures variées. En terme d'organisation, les scénarios sont divers, voire opposés. L'avenir pour chaque firme, incluant chaque groupe social, se pose surtout sous forme de questions plus ou moins ouvertes de vision, de choix que de solutions toutes faites.

Comment améliorer des unités ancrées, impliquées dans le développement local, citoyennes, *a priori* plus pérennes et la dimension internationale affirmée par ces mêmes groupes ? Comment insérer des groupes ethniques, d'âge, de sexe, d'expérience ou de cultures différentes dans une même organisation ? Faut-il préserver ou prévoir des zones de liberté, d'autonomie pour ces différentes tribus, communautés ? Faut-il, au contraire, sanctuariser plus ou moins l'entreprise sous l'autel d'une culture commune forte d'une même vision internationale du comportement des acteurs tout en s'adaptant par des ajustements à des situations locales fort différentes ? Comment attirer des jeunes dont le comportement de certains face au travail est devenu différent parfois à cause d'une incapacité à croire un discours crédible de la firme sur le long terme ? Comment maintenir en activité, en compétences et en motivation un personnel dont on peut prévoir sans grand risque que l'âge moyen de départ à la retraite (plus ou moins en biseau) se fera de plus en plus tard ?

Toutes ces questions ou tendances plus ou moins lourdes (nous aurions pu naturellement en énoncer beaucoup d'autres) sont au cœur des nouvelles organisations de demain, organisations qui restent à définir et modéliser.

De la pertinence de ces nouvelles formes de vie de l'entreprise dépendra la capacité de celle-ci à développer sa stratégie et son efficacité.

Quelques citations

La division du travail

*« Subdiviser un homme, c'est l'exécuter s'il a mérité
la peine de mort ; c'est l'assassiner s'il ne la mérite pas.
La subdivision du travail est l'assassinat d'un peuple. »*
Engels (1820-1895),
théoricien socialiste allemand

*« Ton affaire, c'est de jouer correctement le personnage qui
t'a été confié. Quant à le choisir, c'est celle d'un autre. »*
Épictète (-125 ou -130 / -50), philosophe
stoïcien romain

*« La division du travail a pour but d'arriver à produire
plus et mieux avec le même effort. »*
Fayol (1841-1925), ingénieur français

*« La production en série semble, en bien des cas, exiger des
personnalités atrophiées ou diminuées. »*
Friedmann (1902-1977), sociologue français

« *Plus le travail devient mécanique, moins il a de valeur et plus l'homme doit travailler de cette façon.* »
Hegel (1770-1831), philosophe allemand

« *La division des tâches accroît notre capacité.* »
Hume (1711-1776), philosophe et historien britannique

« *Personne ne travaille mieux que lorsqu'il fait une seule chose.* »
Ignace de Loyola (1491-1556), fondateur de la Compagnie de Jésus

« *La guerre est un art simple et tout d'exécution.* »
Napoléon (1769-1821), empereur des Français

« *À pratiquer plusieurs métiers, on ne réussit dans aucun.* »
Platon (-428/-348), philosophe grec

« *Il vaut mieux exceller en une chose que d'être médiocre en plusieurs.* »
Pline Le Jeune (61-v.104), écrivain latin

« *Deux cents grenadiers ont, en quelques heures, dressé l'obélisque de Louxor sur sa base ; suppose-t-on qu'un seul homme, en deux cents jours, en serait venu à bout ? Cependant, au compte du capitaliste, la somme eût été la même.* »
Proudhon (1809-1865), socialiste et écrivain français

« La vraie méthode, lorsqu'on a des hommes sous ses ordres, consiste à utiliser l'avare et le sot, le sage et le vaillant, et à donner à chacun une responsabilité qui lui convienne. »
Sun Tzu (- 375 - 330)

« L'énergie, la persévérance, le jugement sont les facteurs déterminants des succès dans l'industrie : or ces qualités se rencontrent au même degré chez l'ouvrier et le diplômé. »
Taylor (1856-1915), ingénieur et économiste américain

Les leçons de l'histoire

« L'avenir n'appartient à personne. Il n'y a pas de précurseurs, il n'existe que des retardataires. »
Jean Cocteau (1889-1963), écrivain français

« Organisation du travail, résurrection religieuse, telles sont les deux grandes œuvres que notre époque demande à l'avenir. »
Roger Enfantin (dit le père Enfantin) (1881-1955), ingénieur et économiste français

« Tout organisme social qui doit se réformer le fait plus facilement par addition que par soustraction. »
Alfred Sauvy

« Tous les hommes politiques appliquent sans le savoir les recommandations d'économistes souvent morts depuis longtemps et dont ils ignorent le nom. »
John Maynard Keynes (1883-1946), économiste et financier britannique

« La monarchie se perd lorsque le prince croit qu'il montre plus sa puissance en changeant l'ordre des choses qu'en les suivant ; lorsqu'il ôte les fonctions naturelles des uns pour les donner arbitrairement à d'autres, et lorsqu'il est plus amoureux de ses fantaisies que de ses volontés. »
Montesquieu (Charles de Secondat, baron de la Brède) (1689-1755), philosophe français

« Il n'y a pas une structure meilleure mais différentes structures qui sont les meilleures dans différentes conditions. »
Joan Woodward (1916-1971), sociologue britannique

« Les chaînes de l'habitude sont en général trop peu solides pour êtres senties, jusqu'à ce qu'elles deviennent trop fortes pour être brisées. »
Samuel Johnson (1709-1784), moraliste anglais

« Aussitôt qu'on nous montre quelque chose d'ancien dans une innovation, nous sommes apaisés. »
Friedrich Nietzsche (1844-1900),
philosophe allemand

« La forme fonctionnelle est historiquement importante et représente encore, pour certaines firmes situées dans des contextes opérationnellement et stratégiquement stables, fabriquant un nombre limité de produits peu différents les uns des autres, un mode d'organisation efficace. »
Ansoff (1918), théoricien américain
de la stratégie d'entreprise

La propriété

« On ne peut séparer propriété et pouvoir : on peut simplement les faire changer de mains. »
John Randolph (1773-1833), homme politique américain

« L'esprit de propriété double la force de l'homme : on travaille pour soi et pour sa famille avec plus de vigueur que pour un maître. »
Voltaire (François Marie Arouet dit) (1694-1778), écrivain français

« Rendre l'ouvrier copropriétaire de l'engin industriel et participant aux bénéfices au lieu de l'y enchaîner comme un esclave, qui oserait dire que telle n'est pas la tendance du siècle ? »
Pierre Joseph Proudhon (1809-1865), socialiste et écrivain français

Le pouvoir

« Veille, pour flatter le peuple, à rendre compte de tes actes, mais seulement après coup, afin que personne ne se mêle de contester tes décisions. »
Jules Mazarin (1602-1661), prélat et homme d'État français d'origine italienne

« La décision a besoin d'un esprit de maître ; et il est sans comparaison plus facile de faire ce qu'on est, que d'imiter ce qu'on n'est pas. »
Louis XIV (1643-1715), Roi de France

*« Avoir du pouvoir, c'est contrôler le temps des autres, le
sien propre, le temps du présent et celui de l'avenir, le temps
du passé et celui des mythes. »*
Jacques Attali (1943-), essayiste français

*« Toute personne dans une situation d'autorité incontestée,
libre de toute critique, court le danger de devenir un tyran. »*
Maria Montessori (1870-1952), médecin et
pédagogue italienne

*« L'art de gouverner consiste à ne pas laisser vieillir les
hommes dans leur poste. »*
Napoléon Bonaparte (1769-1821), empereur
des Français

*« Il me semble que les chefs doivent tout rapporter à ce
principe : ceux qu'ils gouvernent doivent être aussi heureux
que possible. »*
Cicéron (Marcus Tullius Cicero) (-106/-43),
homme politique et orateur romain

*« La bureaucratie est un système d'organisation incapable
de se corriger en fonction de ses erreurs et dont les dysfonctionnements sont devenus un élément essentiel de
l'équilibre. »*
Michel Crozier (1922-), sociologue français

Le profit

« Que peuvent les lois, là où seul l'argent est roi ? »
Suétone, Caius Suetonius Tranquillus (fin de
Ier siècle- IIe siècle), historien romain

214

« Si ce Dieu, que le puritain voit à l'œuvre dans toutes les circonstances de la vie, montre à l'un de ses élus une chance de profit, il le fait à dessein. Partout le bon chrétien doit répondre à cet appel. »
Max Weber (1864-1920), économiste et socio-logue allemand

« Le but de l'économie n'est pas le travail mais la consommation. »
Alfred Sauvy (1898-1090), démographe français

« Détruire la concurrence, c'est tuer l'intelligence. »
Frédéric Bastiat (1801-1976), économiste français

L'expérience

« La théorie n'est que l'idée scientifique contrôlée par l'expérience. »
Claude Bernard (1874-1948), physiologiste français

« L'observation recueille les faits, la réflexion les combine, l'expérience vérifie le résultat de la combinaison. »
Diderot (1713-1784), philosophe et écrivain français

« Un fait mal observé est plus pernicieux qu'un mauvais raisonnement. »
Valéry (1871-1945), écrivain français

« Depuis que l'avion s'est envolé sans la permission des théoriciens, les techniciens se moquent des théoriciens. »
Alain (Émile Auguste Chartier, dit) (1868-1951), philosophe français

« La science des projets consiste à prévenir les difficultés de l'exécution. »
Vauvenargues (Luc de Clapiers) (1715-1747), moraliste français

L'individu

« Il suivait son idée. C'était une idée fixe, et il était surpris de ne pas avancer. »
Jacques Prévert (1900-1977), poète français

« La fonction de penser ne se délègue pas. »
Alain (1868-1951), philosophe français

« Nous ne pouvons pas à la fois vivre dans la crainte de perdre notre emploi et être capable d'assumer la responsabilité de notre tâche. »
Peter F. Drucker (1909-), expert américain en management

« L'erreur de Karl Marx est d'avoir cru que l'économie conditionnait la technique alors que c'est l'inverse. »
Marcel Mauss (1872-1950), sociologue et anthropologue français

« Le problème n'est pas de savoir s'il est socialiste mais s'il est compétent ; s'il est compétent ; il faut le garder même s'il

est socialiste, s'il est incompétent, il faut s'en séparer même s'il est devenu gaulliste. »
Charles De Gaulle (1890-1970), homme d'État et général français

« Nous devons nous évertuer à réduire les conflits, mais non pas à les supprimer. Leur existence même est essentielle à la société ouverte. »
Karl Raimund Popper (1902-), philosophe britannique d'origine autrichienne

« Les immigrés ont plus de capacités que les Français d'origine métropolitaine à former des projets individuels. »
Alain Touraine (1925-), sociologue français

« Ceux qui parlent la même langue forment un tout que la pure nature a lié par avance de mille liens invisibles. »
Johann Gottlieb Fichte (1762-1814), philosophe allemand

« La limite idéale vers laquelle tend la nouvelle organisation du travail est celle où le travail se bornerait à cette seule force d'action : l'initiative. »
Jean Fourastié (1907-1990), économiste français

« Celui qui donne un coup de pioche veut connaître un sens à son coup de pioche. Et le coup de pioche du bagnard qui humilie le bagnard n'est point le même que le coup de pioche du prospecteur qui grandit le prospecteur. Le bagne réside là où

des coups de pioche sont donnés qui n'ont point de sens, qui ne relient pas celui qui les donne à la communauté des hommes. »
Antoine de Saint-Exupéry (1900-1944),
écrivain et aviateur français

« L'homme est une création du désir, non pas une création du besoin. »
Gaston Bachelard (1884-1962), philosophe français

« Messieurs, ce que nous demandons à tous, c'est de nous faire des hommes avant de nous faire des grammairiens. »
Jules Ferry (1852-1893), avocat et homme politique français

« Le client n'est pas la source de l'innovation. »
Joseph Aloïs Schumpeter (1883-1950),
économiste autrichien

« Essayez d'enfoncer dans la tête de vos ingénieurs : quand un client se plaint, il y a quatre vingt-dix-neuf chances sur cent pour que les clients ne se plaignent plus. »
Auguste Detoeuf (1870-1947), industriel et essayiste français

Bibliographie

C. Barnard, *The Function of Executive,* Harvard, University Press, 1938.

L. von Bertalanffy, *General Systems Theory,* N.-Y., 1968.

L. Boltanski et L. Thevenot, *Les économies de la grandeur,* Gallimard, Paris, 1991.

D. Mc Clelland, *The Achieving Society,* Harvard University, 1951.

D. Mc Clelland, *Assessing Human Motivation.,* New York Free Press, 1971.

M. Crozier, *Le phénomène bureaucratique*, Seuil, Paris, 1963.

Peter F. Drucker, *The Practice of Management,* Harper and Row, New York, 1954.

Peter F. Drucker, *Management : Taks, Responsabilities, Practices,* Heinemann, New York, 1974.

A. Etzioni, *The new golden rule, community and morality in a democratic society*, Basic Books, 1996.

H. Fayol, *Administration industrielle et générale*, 1916.

E. Friedberg, *L'acteur et le système*, Seuil, 1977.

D. Mac Gregor, La dimension humaine de l'entreprise, éd ?, 1949.

E. Mayo, *The social problem of an industrial civilisation*, Routledge, 1949.

T. Peters et R. Waterman, *Le prix de l'excellence*, France Loisirs, 1983.

Platon, *République*.

D. Ricardo, *Principes de l'économie politique et de l'impôt*, 1817.

J. Rojot, *Théories en Organisation*, ESKA, 2003.

J. Savary, *Le parfait négociant*, 1675.

A. Sloan, *My years with General Motors*, Sloan, 1963.

A. Smith, *Recherche sur la nature et les causes de la richesse des nations*, 1776.

A. Smith, *Théorie des sentiments moraux*, 1759.

L. M. Spencer et S. M. Spencer, *Competence at work*, John Wiley et Sons, NY, 1993.

F. W. Taylor, *Principles of Scientific Management*, 1911.

J. Woodward, *Industrial Organization. Theory and Practice*, Oxford University Press, 1965.

Xénophon, *L'Anabase*.

Xénophon, *Dits mémorables de Socrate*.

Index

A

Absolutisme étatique, 5
Actionnaires, 101
Administration, 5
Agriculture, 5
Aide à la décision, 93
Alliances, 205
Analyse stratégique, 79
Anarchie féodale, 12
Apprentissage mutuel, 55
Approches cognitives, 43
Approches
    psychanalytiques, 43
Approches
    psychosociologiques, 43
Approches sociologiques,
    44
Artisanat, 13
Audits, 172
Autonomie, 54
Autorité, 12

B

Besoins, 133
Bourgeoisie, 25
Budget prévisionnel, 172
Bureaucratie, 14, 78

C

Capitalisme, 15
Changements
    organisationnels, 26
Choix des contractants, 90
Choix des solutions, 90
Client, 191
Coach, 191
Codes de conduite, 20
Collectifs, 206
Combinaison, 175
Communes, 13
Communication-
    discussion, 136
Communitarianism, 141
Compétence, 176

Composition : Compo-Méca sarl
64990 MOUGUERRE

N° d'éditeur : 3212
Dépôt légal : Août 2005

Imprimé en Allemagne par BoD

www.ingramcontent.com/pod-product-compliance
Lightning Source LLC
LaVergne TN
LVHW050556200726
843508LV00010B/1662